Anja Schäfer

Frühkindliche Bildung in der Kindertagespflege
Kann die Förderung frühkindlicher Bildungsprozesse in der Kindertagespflege unter den aktuellen Bedingungen gelingen?

Diplomica® Verlag GmbH

Schäfer, Anja: Frühkindliche Bildung in der Kindertagespflege. Kann die Förderung frühkindlicher Bildungsprozesse in der Kindertagespflege unter den aktuellen Bedingungen gelingen?, Hamburg, Diplomica Verlag GmbH 2011

ISBN: 978-3-86341-030-8
Druck Diplomica® Verlag GmbH, Hamburg, 2011
Zugl. Fachhochschule Münster, Münster, Deutschland, Bachelorarbeit, 2009
Originaltitel der Abschlussarbeit: Frühkindliche Bildung in der Kindertagespflege

Bibliografische Information der Deutschen Nationalbibliothek:
Die Deutsche Nationalbibliothek verzeichnet diese Publikation in der Deutschen Nationalbibliografie;
detaillierte bibliografische Daten sind im Internet über http://dnb.d-nb.de abrufbar.

Die digitale Ausgabe (eBook-Ausgabe) dieses Titels trägt die ISBN 978-3-86341-530-3 und kann über den Handel oder den Verlag bezogen werden.

Dieses Werk ist urheberrechtlich geschützt. Die dadurch begründeten Rechte, insbesondere die der Übersetzung, des Nachdrucks, des Vortrags, der Entnahme von Abbildungen und Tabellen, der Funksendung, der Mikroverfilmung oder der Vervielfältigung auf anderen Wegen und der Speicherung in Datenverarbeitungsanlagen, bleiben, auch bei nur auszugsweiser Verwertung, vorbehalten. Eine Vervielfältigung dieses Werkes oder von Teilen dieses Werkes ist auch im Einzelfall nur in den Grenzen der gesetzlichen Bestimmungen des Urheberrechtsgesetzes der Bundesrepublik Deutschland in der jeweils geltenden Fassung zulässig. Sie ist grundsätzlich vergütungspflichtig. Zuwiderhandlungen unterliegen den Strafbestimmungen des Urheberrechtes.

Die Wiedergabe von Gebrauchsnamen, Handelsnamen, Warenbezeichnungen usw. in diesem Werk berechtigt auch ohne besondere Kennzeichnung nicht zu der Annahme, dass solche Namen im Sinne der Warenzeichen- und Markenschutz-Gesetzgebung als frei zu betrachten wären und daher von jedermann benutzt werden dürften.

Die Informationen in diesem Werk wurden mit Sorgfalt erarbeitet. Dennoch können Fehler nicht vollständig ausgeschlossen werden, und die Diplomarbeiten Agentur, die Autoren oder Übersetzer übernehmen keine juristische Verantwortung oder irgendeine Haftung für evtl. verbliebene fehlerhafte Angaben und deren Folgen.

© Diplomica Verlag GmbH
http://www.diplom.de, Hamburg 2011
Printed in Germany

Inhaltsverzeichnis

1. **EINLEITUNG** 3
2. **BEGRIFFSKLÄRUNGEN UND RAHMENBEDINGUNGEN** 4
   - 2.1 Der Begriff „Kindertagespflege" 4
   - 2.2 Rechtliche Grundlagen: Der Bildungsauftrag in der Kindertagespflege 5
   - 2.3 Das Bildungsverständnis in der Elementarbildung 8
3. **GRUNDLAGEN UND VORAUSSETZUNGEN FÜR FRÜHES LERNEN** 10
   - 3.1 Kindliche Grundbedürfnisse 10
     - 3.1.1 Physische Grundbedürfnisse 10
     - 3.1.2 Psychische Grundbedürfnisse 10
   - 3.2 Frühe Kindheit: Neurobiologische Erkenntnisse 12
   - 3.3 Entwicklungspsychologische Grundlagen 15
     - 3.3.1 Grundlegende Entwicklungsverläufe 15
     - 3.3.2 Aktuelle Erkenntnisse 17
   - 3.4 Zwischenfazit: Wann und wie lernen Kinder? 18
4. **AUS DEM BILDUNGSAUFTRAG HERVORGEHENDE ANFORDERUNGEN AN DIE KINDERTAGESPFLEGE** 19
   - 4.1 Orientierungsqualität 20
     - 4.1.1 Bildungsplan 20
     - 4.1.2 Bildungsziele 21
     - 4.1.3 Pädagogisches Konzept 23
   - 4.2 Strukturqualität 24
     - 4.2.1 Kenntnisse und Kompetenzen 24
     - 4.2.2 Betreuungsschlüssel und Kontinuität 26
     - 4.2.3 Fachberatung 26
     - 4.2.4 Vernetzung 26
     - 4.2.5 Räumlichkeiten, Lernumfeld 27
     - 4.2.6 Finanzielle und personelle Ausstattung 27

	4.3 PROZESSQUALITÄT	28
	4.3.1 Eingewöhnungsprozess	28
	4.3.2 Bindungen und Beziehungen	28
	4.3.3 Interaktion zwischen der Tagespflegeperson und dem Kind	28
	4.3.4 Individuelle Förderung	29
	4.3.5 Pädagogische Haltungen und Kompetenzen	30
	4.3.6 Elternarbeit	30
	4.3.7 Orientierung und Vernetzung im Sozialraum	31
	4.3.8 Beobachtung und Dokumentation	31
	4.4 EXKURS: „BILDUNGS- UND LERNGESCHICHTEN"	31
5	**KINDERTAGESPFLEGE AKTUELL**	**33**
	5.1 QUANTITATIVER AUSBAU	34
	5.2 BILDUNGSPLÄNE UND KONZEPTE	34
	5.3 QUALIFIKATION DER TAGESPFLEGEPERSONEN	34
	5.4 BEOBACHTUNG UND DOKUMENTATION	35
	5.5 FINANZIERUNG UND PFLEGEGELDLEISTUNGEN	35
	5.6 QUALITÄTSSICHERUNG- UND WEITERENTWICKLUNG	36
6	**RESÜMEE**	**36**
LITERATURVERZEICHNIS		**40**
ANHANG		**46**

1 Einleitung

Bildung ist für die Mitglieder von Wissens- und Leistungsgesellschaften eine wertvolle Ressource, da Fähigkeiten und Wissensbestände immer systematischer als universales Instrument zur Problemlösung genutzt werden (vgl. Kunze/Gisbert 2007, S. 25). Nach den Ergebnissen einer Studie der Organisation für wirtschaftliche Zusammenarbeit und Entwicklung (OECD) gibt Deutschland 10 – 20 % mehr Geld für Bildung, Dienstleistungen und direkte Finanztransfers für Kinder aus als die OECD-Länder im Durchschnitt (vgl. OECD 2009). Dennoch geht es Kindern hierzulande in einigen Bereichen schlechter als Gleichaltrigen in den Vergleichsländern. Defizite zeigt die Studie unter anderem beim Thema Bildung. In Deutschland bestehen große Unterschiede zwischen starken und schwachen Schülern bei insgesamt eher durchschnittlichen Leistungen. Auch das mittelmäßige Abschneiden deutscher SchülerInnen in den großen Bildungsstudien der letzten Jahre (z.B. in der IGLU-Studie, vgl. Bos et al. 2007, oder in der PISA-Studie, vgl. PISA-Konsortium 2007) wirft die Frage auf, ob Kinder in Deutschland gute Bedingungen für ihre Bildungsentwicklung vorfinden.

Die Kindertagespflegestelle als eine der ersten Betreuungs- und Bildungsinstanzen bildet für immer mehr Kinder den Rahmen frühkindlicher Bildungsentwicklungen. Aufgrund gesellschaftlicher Veränderungen wie z.B. die zeitliche und räumliche Entgrenzung der Erwerbsarbeit und steigende Müttererwerbstätigkeit (vgl. Jurczyk et al. 2004, S. 19 ff.), Individualisierung von Familienformen oder schlicht mit der Einführung des auf ein Jahr begrenzten Elterngeldes steigt der Betreuungsbedarf für unter dreijährige Kinder. Mit dem steigenden Bedarf an Betreuungsplätzen in der Kindertagespflege und der hohen Bedeutung von Bildung als Ressource für gelingende Lebensentwicklungen rücken die Qualität der Kindertagespflege und die Möglichkeiten, Bildungsprozesse von kleinen Kindern im Rahmen dieser familiennahen Betreuungsform zu fördern, verstärkt in den Fokus.

Die vorliegende Bachelor-Arbeit befasst sich mit der frühkindlichen Bildung in der Kindertagespflege unter der leitenden Fragestellung „Kann der frühkindliche Bildungsauftrag in der Kindertagespflege unter den aktuellen Bedingungen erfüllt werden?". Ziel der Arbeit ist es aufzuzeigen, dass eine Diskrepanz zwischen aktuellen wissenschaftlichen Erkenntnissen, Theorien und Methoden und der praktischen Umsetzung besteht. Ich gehe von der Hypothese aus, dass die aktuellen Bedingungen nur teilweise sicherstellen, dass der frühkindliche Bildungsauftrag in der Kindertagespflege erfüllt werden kann. Die Fragestellung grenze ich insofern ein, als ich die Bedingungen für frühkindliche Bildung von Kindern im Alter von 0 bis 3 Jahren in Nordrhein-Westfalen untersuchen werde. Darüber hinaus wäre es zwar auch wichtig, sich mit der Bildungssituation benachteiligter oder behinderter Kinder auseinanderzusetzen, allerdings übersteigt dies den Rahmen dieser Arbeit.

In Kapitel 2 werde ich zunächst Begriffe klären und die derzeitigen rechtlichen Rahmenbedingungen aufzeigen. In Kapitel 3 wird Grundlegendes zum Thema frühkindliche Bildung thematisiert. Daraufhin werde ich in Kapitel 4 die aus dem Bildungsauftrag sowie den Erkenntnissen über das Lernen in der frühen Kindheit hervorgehenden Anforderungen an die Kindertagespflege aufzeigen. Darüber hinaus beinhaltet das Kapitel einen Exkurs zum Thema „Bildungs- und Lerngeschichten" als Beispiel für eine Methode zur Unterstützung kindlicher Bildungsprozesse. In Kapitel 5 schließt sich eine Darstellung aktueller Daten und Informationen zu den Bedingungen für Bildungsprozesse in der Kindertagespflege an, soweit die Datenlage dies erlaubt. Abschließen werde ich diese Arbeit mit dem Resümee (Kapitel 6). Die Abbildungen befinden sich im Anhang.

2 Begriffsklärungen und Rahmenbedingungen

2.1 Der Begriff „Kindertagespflege"

Die Kindertagespflege ist eine familiennahe und -ergänzende Betreuungsform für Kinder bis zur Vollendung des 14. Lebensjahres. Sie richtet sich vor allem an 0 – 3jährige Kinder, die noch keine Kindertagesstätte besuchen. Gemäß § 23 des 8. Sozialgesetzbuches (SGB VIII, vgl. Wiesner 2006) werden i.d.R. bis zu 5 Kinder während des Tages im Haushalt der Tagespflegeperson (kurz: TPP), im Haushalt der Eltern oder in angemieteten Räumen betreut. Kinder können im kleinen, überschaubaren Rahmen Gruppenerfahrungen machen und werden kontinuierlich von einer TPP betreut. Kindertagespflege ist ein freiwilliges Angebot, Bildung in der Kindertagespflege hat damit nichtformellen Bildungscharakter (vgl. Colberg-Schrader 2003, S. 66). TPP zeichnen sich gemäß SGB VIII durch Persönlichkeit, Sachkompetenz und Kooperationsbereitschaft aus, verfügen über kindgerechte Räumlichkeiten und über vertiefte Kenntnisse hinsichtlich der Anforderungen in der Kindertagespflege. Sofern sie die Tätigkeit im eigenen Haushalt oder in anderen Räumlichkeiten ausüben, ist die TPP i.d.R. selbständig tätig, also weitestgehend weisungsunabhängig, sie benötigt jedoch die Erlaubnis des Jugendamtes (gem. § 43 SGB VIII). Durch die Kindertagespflege entsteht ein komplexes Betreuungssystem, das aus dem Kind mit seiner Herkunftsfamilie, der TPP, gegebenenfalls auch deren Familie sowie dem Jugendamt besteht.

2.2 Rechtliche Grundlagen: Der Bildungsauftrag in der Kindertagespflege

Bundesrecht: Sozialgesetzbuch VIII

Die Kindertagespflege wurde erstmalig 1990 mit dem Erlass des SGB VIII bundesrechtlich als Angebot, das sich primär an 0 – 3jährige Kinder richtet, verankert. Seither wurde es mehrfach fortgeschrieben, wobei für die Bildung in der Kindertagespflege vor allem folgende Regelungen von Bedeutung sind:

- Das im Januar 2005 erlassene Tagesstättenausbaugesetz (TAG): Es zielt darauf ab, durch die Formulierung gemeinsamer Förderziele für die institutionelle Betreuung und die Kindertagespflege ein integriertes Angebot zu schaffen (§ 22 Abs. 2 SGB VIII). Die Förderung bezieht sich auf die Erziehung, Bildung und Betreuung als ganzheitlicher Förderungsansatz unter Berücksichtigung des Alters und Entwicklungsstandes sowie weiterer individueller Voraussetzungen und Dispositionen des Kindes (§ 22 Abs. 3 SGB VIII). Damit wurde erstmals ein konkreter Bildungsauftrag für die Kindertagespflege formuliert. Einerseits ist ein bedarfsgerechtes Angebot an Betreuungsplätzen vorzuhalten, andererseits soll die Erziehung und Bildung durch fachliche Qualität abgesichert werden. Erstmalig wurden Qualitätsanforderungen an TPP gestellt (nach § 23 Abs. 3 SGB VIII). Sie sollen über vertiefte Kenntnisse hinsichtlich der Anforderungen der Kindertagespflege

verfügen, die sie in qualifizierten Lehrgängen erwerben oder auf andere Art nachweisen.
- Das im September 2005 erlassene Kinder- und Jugendhilfeweiterentwicklungsgesetz (KICK): Hier erfolgt eine Gleichstellung der Leistungsabwicklung, d.h. das Pflegegeld wird bei Vorliegen der Voraussetzungen in voller Höhe an die Tagespflegeperson ausgezahlt, sowie die Einführung sozial gestaffelter Elternbeiträge (§ 90 SGB VIII). Darüber hinaus legt das KICK die Erlaubnis zur Kindertagespflege (i.d.R. für bis zu 5 Kinder) und die Anforderungen an die Qualifikation von Tagespflegepersonen neu fest.
- das Ende 2008 erlassene Kinderförderungsgesetz (KiFöG): Es konkretisiert die Erlaubnis zur Betreuung (i.d.R. 5 gleichzeitig anwesende Kinder, § 43 Abs. 3 SGB VIII) sowie den weiteren Ausbau von Betreuungsplätzen.

Die Novellierungen des SGB VIII zielen darauf ab, die Kindertagespflege als verlässliches und qualifiziertes Betreuungsangebot auszubauen. Gemäß § 22 SGB VIII ergänzt und unterstützt die TPP die Familie bei der Bildung, Erziehung und Betreuung des Kindes. Die Förderung orientiert sich an der sozialen und emotionalen, körperlichen und geistigen Entwicklung und am Entwicklungsstand, an den Fähigkeiten, an der Lebenssituation, an den Interessen und Bedürfnissen sowie am Alter des einzelnen Kindes. Die weitere inhaltliche, quantitative und finanzielle Ausgestaltung der Kindertagespflege unterliegt dem Landesrechtsvorbehalt (gem. § 26 SGB VIII).

Landesrecht: Kinderbildungsgesetz und Bildungsvereinbarung
Für die frühkindliche Bildung in der Kindertagespflege in Nordrhein-Westfalen ist das am 01.08.2008 in Kraft getretene Kinderbildungsgesetz (KiBiz, vgl. MGFFI 2008) von Bedeutung. Es weist der Kindertagespflege einen eigenständigen Bildungs-, Erziehungs- und Betreuungsauftrag zu (§ 3 KiBiz) und eine für die Umsetzung erforderliche laufende ständige Fortbildung (§ 11 KiBiz). Nach § 13 i.V.m. § 17 KiBiz liegt der pädagogischen Arbeit in der Kindertagespflegestelle ein eigenes pädagogisches Konzept zu Grunde und

formuliert Erziehungsziele (Förderung der Entwicklung zu einer eigenständigen und gemeinschaftsfähigen Persönlichkeit, Unterstützen der Aneignung von Wissen und Fertigkeiten in allen Entwicklungsbereichen, usw.). Weiterhin ist die individuelle Lebenslage eines Kindes, sein Recht auf Mitwirkung bei der Gestaltung des Alltags und die Förderung der Sprachentwicklung zu berücksichtigen. Bildungsprozesse sind zu beobachten und zu dokumentieren. In § 17 KiBiz wird die bundesgesetzlich geregelte Qualifikationsanforderung an die TPP aufgegriffen und insofern weiter differenziert, als TPP über vertiefte Kenntnisse zu den besonderen Anforderungen in der Kindertagespflege verfügen sollen. Sofern sie nicht sozialpädagogische Fachkräfte mit Praxiserfahrung sind, sollen sie über eine Qualifikation auf der Grundlage eines wissenschaftlich entwickelten Lehrplanes (z.B. das Curriculum zur Qualifizierung in der Kindertagespflege des Deutschen Jugendinstitutes, kurz DJI) verfügen.

Darüber hinaus wurde mit der Bildungsvereinbarung NRW des Ministeriums für Generationen, Familie, Frauen und Integration in NRW (vgl. MGFFI 2003) ein Rahmenplan für die Bildungsarbeit in Kindertageseinrichtungen geschaffen, der sich an die Zielgruppe der 3 – 6jährigen richtet. Die Bildungsvereinbarung ist zwar keine Rechtsnorm, bietet aber eine Orientierung und Grundlage für die pädagogische Arbeit in den Kindertageseinrichtungen. Darüber hinaus orientieren sich die Präzisierungen des KiBiz in Bezug auf frühkindliche Bildung an der Bildungsvereinbarung. Da die Zielgruppe der Bildungsvereinbarung noch nicht auf unter dreijährige Kinder erweitert wurde, kann lediglich eine Anlehnung erfolgen, soweit sie für unter dreijährige Kinder sinnvoll erscheint. Eine Anlehnung kann vor allem in Bezug auf die Bildungsbereiche Bewegung, Spielen und Gestalten, Medien, Sprache und Natur und kulturelle Umwelten erfolgen, die auch für Kinder unter drei Jahren von Bedeutung sind. Die dort genannten Selbstbildungspotentiale können auch für unter Dreijährige als Basis für die Bildungsförderung dienen (z.B. forschendes Lernen, Differenzierung von Wahrnehmungserfahrung über Körpersinne usw.). Auch der Ansatz, dass die Bildungsarbeit der Elementarpädagogik nicht an Curricula auszurichten ist, kann m.E. auf die Förderung unter 3jähriger Kinder übertragen werden: Nach der Bildungsvereinbarung liegt der

Schwerpunkt der Elementarpädagogik in der frühzeitigen Stärkung individueller Kompetenzen und Lerndispositionen, in der Erweiterung, Unterstützung sowie Herausforderung des kindlichen Forscherdranges, der Werteerziehung, in der Förderung, das Lernen zu lernen, und in der Weltaneignung in sozialen Kontexten. Schwerpunkte im Elementarbereich sind die Vermittlung grundlegender Kompetenzen und die Entwicklung und Stärkung persönlicher Ressourcen (vgl. MGFFI 2008). Mit der Vereinbarung wurde bewusst kein Curriculum mit festgelegten Inhalten und Methoden, sondern ein Rahmen geschaffen, der zwar keine Beliebigkeit in der Elementarpädagogik zulässt, aber Spielräume für altersgerechte und kindorientierte Bildungsförderung zulässt. Meines Erachtens kann dieser Ansatz ohne weiteres auf den Bereich der Kindertagespflege übertragen werden, wobei die spezifischen Anforderungen an eine Förderung unter Dreijähriger – die in der Bildungsvereinbarung nicht thematisiert werden – Berücksichtigung finden sollten.

2.3 Das Bildungsverständnis in der Elementarbildung

In Bezug auf frühkindliche Bildung werden von pädagogischen Fachkräften und Bildungsexperten in Deutschland unterschiedliche Positionen vertreten. Nach Laewen ist Bildung vor allem Selbstbildung nach Maßgabe der kognitiven Fähigkeiten des Kindes, und zwar bereits vom Tag der Geburt an (vgl. Laewen 2002, S. 36 ff.). Auch nach Schäfer weist der Bildungsbegriff darauf hin, dass man sich letztlich nur selbst bilden kann, da in Bildungsprozessen Handeln, Fühlen, Denken, Werte, Austausch, subjektiver und objektiver Sinn miteinander in Einklang gebracht werden müssen. Selbst- und Weltbilder werden zu einem Gesamtbild verknüpft (vgl. Schäfer 2003, S. 15).
Fthenakis wiederum stellt in den Vordergrund, dass Bildung in soziale Kontexte und Beziehungen eingebettet ist. Wissenskonstruktion ist demnach vor allem ein ko-konstruktivistischer und interaktionaler Bildungsprozess, der bewusst zu gestalten ist (vgl. Fthenakis 2009 b, S. 6 ff.). Lernen geschieht demnach durch Zusammenarbeit, durch soziale Interaktion mit anderen Menschen. Auch Dahlberg verweist auf die Ko-Konstruktion von Wissen und Kultur durch Kinder und Pädagogen (vgl. Dahlberg 2004, S. 13 ff.).
Nach Gisbert/Kunze lässt Wissen sich nicht nur auf faktisches Wissen begrenzen, das in schulischen und beruflichen Bildungskontexten vermittelt

wird, sondern ist ein System aus Kenntnissen, Fähigkeiten und Fertigkeiten, das Strategien der Wissensnutzung und –aneignung umfasst und Handlungs- und Werteorientierungen bietet (vgl. Kunze/Gisbert 2007, S. 26 ff.). Elschenbroich wiederum stellt als Ergebnis einer differenzierten Befragung einen Bildungskanon zusammen mit bestimmten Bildungs- und Wissensinhalten, Primärerfahrungen und Gefühlen, die Kinder in den ersten sieben Lebensjahren erfahren haben sollten (Elschenbroich 2002).

Alle genannten Aspekte sind meines Erachtens von Bedeutung. Hinke-Ruhnau führt in ihrer Definition die oben genannten Sichtweisen zusammen. Daher liegt dieser Arbeit folgendes Bildungsverständnis zugrunde:

„Bildung ist das Ergebnis der Aneignung von Welt. Sie geschieht durch selbst gewählte und unfreiwillige Lernprozesse. Aus einer Mischung von Selbstbildung und angebotenen oder wahrgenommenen Lernprogrammen bildet sich eine individuelle Sicht und Wahrnehmung von Welt aus, und so entsteht ein sehr individuell vernetztes Gehirn mit einer einmaligen Wissensbasis." (Hinke-Ruhnau 2009, S. 106)

Dieses Bildungsverständnis weist einerseits darauf hin, dass Kinder einen großen Anteil an ihren eigenen Bildungsprozessen haben und ihre Weiterentwicklung aktiv vorantreiben. Entsprechend ihrem Alter und Entwicklungsstand gestalten sie ihre Bildungsentwicklung mit und übernehmen dafür Verantwortung. Bildungsförderung orientiert sich daher am Kind mit seinen Fähigkeiten und Interessen. Andererseits wird die Rolle der Erwachsenen als Bildungsbegleiter deutlich, die durch das Schaffen und Ermöglichen von Bildungsgelegenheiten der frühkindlichen Bildung eine Richtung, ein Erziehungsziel gibt (vgl. Laewen 2002, S. 55 ff.). Damit ist frühkindliche Bildung nicht zufällig oder ziellos, und Erwachsene tragen Verantwortung für eine umsichtige Planung von Bildungsangeboten, die sich am Kind und an der Vermittlung Schlüsselqualifikationen, die als gesellschaftlich wertvoll erachtet werden, orientieren (z.B. soziale Kompetenz).

3 Grundlagen und Voraussetzungen für frühes Lernen

Bildungsprozesse und -erfahrungen in den ersten Jahren beeinflussen die Entfaltung der individuellen Potentiale und damit die Entwicklungschancen der Kinder ganz wesentlich. Daher ist es wichtig zu wissen, wie Kinder lernen und welche Bedingungen und Voraussetzungen sich positiv auf Lernprozesse auswirken. Unter „Lernen" sollen hier durch äußere Einflüsse in Gang gebrachte Veränderungen zusammengefasst werden, die beim Kind zu neuen Erfahrungen führen, sofern diese aufgrund neu erworbener Fähigkeiten und Kompetenzen zu dauerhaften Verhaltensänderungen führen (vgl. Kasten 2007, S. 21). Damit ist ein sehr umfassender Lernbegriff umrissen, der sich mit dem genannten Bildungsverständnis vereinbaren lässt.

3.1 Kindliche Grundbedürfnisse

3.1.1 Physische Grundbedürfnisse

Kleine Kinder haben ähnliche Grundbedürfnisse wie Erwachsene, wie z.B. essen, trinken oder schlafen. Aufgrund des Entwicklungsstandes unterscheiden sich die kindlichen Bedürfnisse von denen der Erwachsenen. So haben kleine Kinder beispielsweise i.d.R. ein höheres Schlafbedürfnis als Erwachsene (vgl. Beek 2008, S. 143 ff). Kinder können ihre Bedürfnisse noch nicht selbst befriedigen und sind auf Unterstützung durch Erwachsene angewiesen. Diese Bedürfnisse müssen zunächst beantwortet werden, um Bildungsprozesse zu ermöglichen. Die Befriedigung körperlicher Grundbedürfnisse reicht jedoch für das Wohlbefinden von Kindern nicht aus.

3.1.2 Psychische Grundbedürfnisse

Nach Deci und Ryan (1995, zit. n. Becker-Stoll 2009, S. 159) werden die Bedürfnisse Bindung, Kompetenz und Autonomie unterschieden, die wechselseitig aufeinander wirken: Ohne Bindung an eine Bezugsperson können kleine Kinder keine Kompetenz und Autonomie erleben.

Bindung

Nach den Erkenntnissen der Bindungstheorie (Bowlby 1984, Ainsworth et al. 1978, zit. n. Rauh 2002, S: 197 ff.) kann ein Kind erst dann seine Umwelt erforschen, also Explorationsverhalten zeigen, wenn es eine sichere Bindung zu einer Betreuungsperson aufgebaut hat. Eine Bindung baut ein Kind auf zu einer oder einigen wenigen Personen, die sich von Geburt an um es kümmern und feinfühlig auf die Signale des Kindes reagieren, d.h. prompt, angemessen und zuverlässig. Kinder versuchen von Geburt an aktiv, eine Bindungsbeziehung zu einer Bezugsperson oder zu einigen wenigen Personen aufzubauen. Das ist biologisch angelegt, im Verhaltensmuster des Kindes verankert und dient dem unmittelbaren Schutz und dem Überleben des Kindes. Sichere Bindungen wirken sich positiv auf die Persönlichkeitsentwicklung aus, z.B. auf soziale Kompetenzen und die Kommunikationsfähigkeit (vgl. Becker-Stoll 2009, S. 162 ff.). Bindung beeinflusst damit die Entwicklung sowohl durch den positiven Einfluss auf die Persönlichkeitsentwicklung als auch durch das Ermöglichen von Explorationsverhalten.

Frühkindliche Bildung beruht also auf guten Beziehungen. Kinder setzen sich selbst in Beziehung zu Personen, Gedanken oder Dingen. Dadurch, dass sie solche Beziehungen eingehen, spielen auch Gefühle, ästhetische Empfindungen und Werte im Bildungsprozess – neben dem rationalen Denken – eine wichtige Rolle (Schäfer 2003, S. 105). Positive Bindungserfahrungen ermöglichen und erleichtern es dem Kind, eine Beziehung zur TPP aufzubauen. Wichtig sind jedoch nicht nur die Beziehungen zwischen der TPP und dem Kind, sondern auch diejenigen zwischen Eltern und Kind, Eltern und der TPP und auch die der Kinder untereinander (vgl. Gerszonowicz 2009, S. 124). Bereits ab einem Jahr ist der Austausch mit gleichaltrigen Kindern wichtig und gewinnt mit zunehmendem Alter weiter an Bedeutung (vgl. Oerter 2002). Kinder konstruieren ihr Bild von der Welt auch in der Interaktion mit Kindern, die mit ihnen auf gleicher Ebene interagieren und so „geteilte Bedeutungen" herstellen (vgl. Laewen 2002, S. 63).

Beziehungen, die mit positiven Emotionen verbunden sind, fördern Lernprozesse und geben den Dingen eine Bedeutung (Braun/Meier 2004, zit. n. Leu et al. 2007, S. 39). Sie ermöglichen darüber hinaus angstfreies Lernen, da Kinder aus der emotionalen Sicherheit heraus neue Herausforderungen nicht als Bedrohung erleben. Das Gehirn kann besonders effektiv arbeiten, wenn wir ohne Angst und Stress lernen; umgekehrt führt Entmutigung und Frustration zur Eindämmung des Lerntriebs (vgl. Spitzer 2007).

Kompetenz und Autonomie

Ein Kind erlebt sich als kompetent, indem es effektiv mit der Umwelt interagiert. Durch positive Interaktion mit der Bezugsperson erfährt es persönliche Zuwendung, feinfühliges Eingehen auf Gefühle und Interessen, Achtung und Wertschätzung. Es braucht eine interessierte Resonanz durch erwachsene Vorbilder und Partner, die durch sprachliche und emotionale Äußerungen, durch Mimik und Gestik auf ihr Verhalten reagieren. Es kann so Selbstbestätigung, Sicherheit und Vertrauen erleben (vgl. Ostermayer 2006, S. 52 ff.). Autonomie erleben Kinder, indem sie selbst bestimmt interagieren und frei handeln und so Selbstvertrauen aufbauen, wobei die Autonomie kleiner Kinder immer getragen ist von der Verbundenheit zur Bezugsperson. Vor allem im Spiel erleben Kinder, dass sie etwas können, neue Fähigkeiten erwerben und zunehmend selbständiger werden. Kinder gelangen über das Spiel zu grundlegenden Erkenntnissen über die Ordnung der Dinge (vgl. Bostelmann 2009, S. 182 ff.). Für Kinder unter drei Jahren ist Spielen daher gleichbedeutend mit Lernen, und elementare Spielhandlungen wie z.B. Rotation oder Fall-Linie entdecken, Dinge fortbewegen, verbinden und verstecken sind Ansatzpunkte, um die Welt zu entschlüsseln.

3.2 Frühe Kindheit: Neurobiologische Erkenntnisse

Das Gehirn eines Säuglings ist bereits bei der Geburt mit geschätzten 100 Milliarden Nervenzellen, die über jeweils 10.000 Synapsen verfügen, ausgestattet (vgl. Müller 2007, S. 8). Die Anzahl der Synapsen nimmt in den ersten drei Lebensjahren rasant zu. Diese genetische Ausstattung, also veranlagungsbedingte (endogene) Faktoren, bestimmt die prinzipiellen Funktionen und Eigenschaften des Gehirns. Die Feinabstimmung des Gehirns erfolgt erfahrungs- und lerngesteuert und wird ab dem Tag der Geburt mehr und mehr durch Signale aus der Umwelt (also exogene Faktoren) beeinflusst, die über die Sinnesorgane aufgenommen werden (vgl. Bock et al. 2003, S. 51). Endogene und exogene Faktoren kooperieren in untrennbarem Wechsel, wobei eine strenge Unterscheidung zwischen Angeborenem und Erlerntem nicht möglich ist (vgl. Singer 2003, S. 70).

Durch Erfahrungen werden die noch unreifen funktionellen Schaltkreise im Gehirn optimiert und Sinnsysteme, motorische Zentren und weitere Gehirnsysteme in rasantem Tempo optimiert (vgl. Braun 2008, S. 6 ff., s. Abb. 1). Alle Erfahrungen und Lernprozesse hinterlassen Spuren, so genannte Repräsentationen, im Gehirn. Beim Wahrnehmen werden Sinnessignale aufgeteilt, analysiert und wieder zusammengefügt. Daraus entsteht im Kopf ein subjektives, inneres Bild von Wirklichkeit, das für uns bedeutsame Merkmale der äußeren Wirklichkeit enthält. Dabei wirken die Sinnsysteme (sehen, hören usw.) zusammen und sind darüber hinaus verbunden mit emotionalen Verarbeitungsweisen, die den Grad der Aufmerksamkeit oder die Auswahl des Wahrgenommenen und seine subjektive Bedeutung bestimmen (vgl. Schäfer 2003, S. 27 ff). Wahrnehmungen oder Erfahrungen, also exogene Faktoren, prägen die „funktionelle Architektur der Großhirnrinde" (Singer 2003, S. 70). Signale werden über Bewertungssysteme des Gehirns gefiltert. Nur ausgewählte Signale beeinflussen die Entwicklung; darüber hinaus sorgt ein verwandter Mechanismus dafür, dass Sinnessignale nur dann strukturierend auf die Entwicklung einwirken, wenn sie Folge aktiver kindlicher Interaktionen mit der Umwelt sind (Singer 2003, S. 70).

Mit dieser Prägung bildet das Gehirn schon relativ früh prinzipielle Konzepte für späteres Lernen aus und auch die mit jedem assoziativen Lernprozess verknüpfte emotionale Erlebniswelt wird angelegt. Frühe emotionale Erfahrungen wie z.B. die Eltern-Kind Beziehung sorgen für den Aufbau und die Aufrechterhaltung neuronaler und synaptischer Netzwerke und sind von grundlegender Bedeutung für die Ausbildung normaler emotionaler und intellektueller Fähigkeiten (vgl. Bock et al. 2003, S. 51). Fehlen diese Erfahrungen, werden diese Netzwerke nicht ausgebildet: Soziale Deprivationen, also Benachteiligungen in den ersten Lebensjahren, führen trotz der lebenslangen Plastizität des Gehirns zu irreversiblen neuroanatomischen Verarmungen (vgl. Braun 2005, zit. n. Rittelmeyer 2005, S. 78, s. Abb. 2).

Lernen bedeutet, sich Neuem zuzuwenden. Kinder müssen sich also an Altes erinnern, um sich Neuem zuwenden zu können. Säuglinge bilden von Geburt an Erinnerungen, sie sind in der Lage Objekte wieder zu erkennen und Handlungen nachzuahmen (vgl. Siegler 2001, S. 227 ff.). Jeder Mensch verfügt über spezialisierte Nervenzellen, die Spiegelneuronen, die das Handeln Anderer, deren Mimik, Gestik und Gefühle im eigenen Gehirn spiegeln. Babys und Kleinkinder nutzen diese Spiegelneuronen intensiv, um andere zu imitieren. Sie speichern diese – impliziten - Verhaltensweisen ab und sind in der Lage, sie später abzurufen. Aber erst ab ca. drei Jahren haben Kinder aufgrund der Reife ihres Gehirns explizite, also bewusste Erinnerungen; erst dann können Erfahrungen und Erlebnisse mehr und mehr im Langzeitgedächtnis abgespeichert und wieder abgerufen werden.

Durch frühes Lernen werden also nicht primär Wissensbestände zusammengestellt, sondern es bilden sich Grundlagen für Denk- und Lernstrategien aus. Es werden zwar von Anfang an und mit zunehmendem Alter mehr und mehr Informationen über neuronale Netzwerke weitergeleitet und abgespeichert, aber vor allem werden die Netzwerke selbst mehr oder weniger massiv umstrukturiert.

Diese Umstrukturierung erfolgt permanent, bestimmte Fähigkeiten werden jedoch nur oder sehr viel leichter in sensiblen Phasen erworben (vgl. Spitzer 2007, S. 229). Beispielsweise wird die Erstsprache innerhalb der ersten Jahre (Zeitspanne: ca. 1,5 bis 5 Jahre) mühelos erlernt, wenn die Interaktionen mit einer sprachkompetenten Umwelt im richtigen Zeitfenster erfolgen (vgl. Singer 2003, S. 71). Die Reifung des Gehirns und die Entwicklung des Körpers setzen dem Lernprozess natürliche Grenzen: Das Kind verfügt über ein eingebautes Sicherheitssystem im Gehirn, das ihm ermöglicht, nur diejenigen Informationen aufzunehmen, die es gerade verarbeiten kann. So werden z.B. im Verlauf des Spracherwerbs zunächst einfache Strukturen gebildet, auf denen kompliziertere Strukturen aufgebaut werden können – obwohl bereits Kleinkinder mit komplizierten grammatischen Konstruktionen konfrontiert werden (vgl. Spitzer 2007, S. 233 ff.).

Kleine Kinder müssen nicht von außen motiviert werden, sich weiter zu entwickeln. Ihr angeborener Lerntrieb und die Lernfähigkeit ermöglichen es ihnen, sich nach und nach in die Gesellschaft zu integrieren (z.B. durch Spracherwerb) und immer selbständiger zu werden. Dieser Lerntrieb steht unter anderem im Zusammenhang mit der Ausschüttung des Hormons Dopamin, das Gehirn wird quasi süchtig nach Lernerfolgen und sucht sich ständig neue Herausforderungen (vgl. Braun 2008, S. 12 ff.).

Insgesamt hat die Hirnforschung in den letzten Jahren bewiesen, dass der nachhaltige Einfluss von emotionalen Erfahrungen und individuellen Lernprozessen bei der frühen Gehirnentwicklung unterschätzt wurde und damit auch für die Kindertagespflege von Bedeutung ist.

3.3 Entwicklungspsychologische Grundlagen

Die Entwicklungspsychologie befasst sich in erster Linie mit durchschnittlichen Entwicklungsverläufen von Kindern (vgl. Kasten 2007), wobei es intra- und inter-individuelle Unterschiede gibt (vgl. Haug-Schnabel/Bensel 2009, S. 5). Im Folgenden werde ich einerseits grundlegende Entwicklungsverläufe und andererseits aktuelle entwicklungspsychologische Strömungen darstellen.

3.3.1 Grundlegende Entwicklungsverläufe

Zur Entwicklung von Kindern gibt es unterschiedliche Modellvorstellungen, Theorien und Konzepte (Rauh 2002, Oerter 2002); eine vertiefende Ausführung dazu ist im Rahmen dieser Arbeit nicht möglich. Einigkeit besteht darüber, dass Kinder in jedem Alter mit Entwicklungsaufgaben konfrontiert sind, deren aktive und individuelle Bewältigung durch das Kind wiederum Einfluss auf den weiteren Entwicklungsverlauf haben (z.B. Spracherwerb, laufen lernen). Grundlegende Entwicklungsverläufe können folgendermaßen beschrieben werden (vgl. auch Kasten 2007):

Kinder im ersten Lebensjahr haben noch kein Selbstbewusstsein, wohl aber ein Bewusstsein über ihr existenzielles Selbst, das unabhängig von anderen Personen existiert (vgl. Haug-Schnalbe/Bensel 2009, S. 29). Sie erweitern ihre Wahrnehmung (z.B. räumliches Sehen, Objekterkundung durch Greifen und Tasten), ihr Sozialverhalten (z.B. fremdeln) und ihr Spielverhalten (z.B. ein Mobile in Schwung bringen) und erwerben motorische Fähigkeiten (Auge-Hand-Koordination, Sitzen, Krabbeln), ihre Kommunikation und Interaktion (soziales Lächeln, Blickkontakte, Gestik, Einüben von Sprachlauten und Verwendung erster Wörter oder Silbenverdopplungen). Ab dem siebten Lebensmonat beobachten Kinder Erwachsene oder andere Kinder und versuchen, sie zu imitieren. Das Kind entwickelt Objekt- und Personenpermanenz, also die Vorstellung, dass eine Person oder ein Objekt weiter existiert, auch wenn das Kind sie oder es nicht wahrnehmen kann. Das Kind kann jetzt eine Person vermissen und dies auch ausdrücken. Damit werden die Grundlagen für die Bindung und Bindungsmuster gelegt.

Im <u>zweiten Jahr</u> entdecken Kinder ihr eigenes „Ich" und sie entwickeln ein kategoriales Selbst, fühlen sich also durch Kategorien wie „Mädchen" oder „Junge" angesprochen. Das Selbstbewusstsein wird zunehmend erweitert, die Kinder beginnen, ein „ich" zu entwickeln, indem sie sich zunächst selbst beim Rufnamen und später auch als „ich" benennen und sich auf konkrete Merkmale (z.B. körperliche Merkmale, Aktivitäten) beziehen. Aufgrund der motorischen Entwicklung stehen Exploration und Interaktion im Vordergrund. Die im ersten Jahr erworbenen Kompetenzen werden weiter ausgebaut und neue treten hinzu, z.B. das Laufen. Sie können die meisten Sprachlaute und Zwei- bis Dreiwortsätze bilden und kennen 50 Wörter und mehr; etwa ab dem 18. Lebensmonat können Kinder sehr viel schneller neue Wörter lernen (Wortexplosion). Das Spielen wird zunehmend komplexer (Rollenspiele, Symbol- oder Fiktionsspiel) und Kinder erwerben immer mehr funktionelles Wissen (z.B. richtiger Umgang mit Alltagsgegenständen). Das Interesse an anderen Kindern nimmt zu und ritualisierte Ereignisse gewinnen an Bedeutung (z.B. das Verabschieden). Das Kind reagiert auf Trennungen und lernt allmählich, mit ihnen umzugehen, wobei selbst initiierte Trennungen (z.B. auf dem Spielplatz) dazu führen, dass Kinder sich länger auf eigenständiges Spiel einlassen können (vgl. Haug-Schnabel/Bensel 2009, S. 22)-

Im <u>dritten Lebensjahr</u> führt die zunehmende Selbstentwicklung zu immer mehr Eigensinn (Trotzphase). Entwicklungspsychologisch gilt dieses Alter als Phase der Konsolidierung, des Ausbaus und der Verfeinerung der erworbenen Fähigkeiten (z.B. laufen, sprechen, konstruieren im Spiel). Kinder bilden komplexere Lautverbindungen, verwenden zunehmend Mehrwortsätze und erweitern ihren Wortschatz. Wichtige Fortschritte machen Kinder im Bereich des Sozialverhaltens, sie interagieren intensiv mit anderen Kindern – was auch zu Konflikten führen kann - und imitieren sich gegenseitig. Sie sind auch in der Lage, Empathie zu entwickeln, Emotionen auszudrücken und zu regulieren. Am Ende des dritten Lebensjahres hat sich das Kind emotional ein Stück von der Hauptbezugsperson entfernt. Dennoch zeigen Kleinkinder bis zu drei Jahren eine besondere Stressempfindlichkeit gegenüber außerfamiliärer Gruppenbetreuung (vgl. Haug-Schnabel/Bensel 2009, S. 35).

3.3.2 Aktuelle Erkenntnisse

Nach Kunze/Gisbert geht die aktuelle Entwicklungspsychologie von zwei Strömungen aus: Vom Konzept der Wissensdomänen sowie vom Konzept des Sozialkonstruktivismus.

<u>Wissensdomänen</u>

Während z.B. Piaget die Entwicklung des Denkens in Stufen unterteilt, die aufeinander aufbauen und wechselseitige Anpassungsprozesse erfordern, widerlegen neue Forschungen diese Erkenntnisse teilweise, z.B. im Hinblick auf einen strengen Entwicklungsverlauf nach Altersklassen, der sich unabhängig von Inhalten vollzieht. Man geht heute davon aus, dass kognitive Funktionen von Säuglingen sich nicht wesentlich von denen Erwachsener unterscheiden: Kognitive Funktionen gehen aus ihren eigenen Ursprüngen hervor und komplexe kognitive Fähigkeiten können bereits bei Säuglingen gefunden werden. Nach Kunze/Gisbert (2007, S. 53 ff.) geht man von „privilegierten Wissensdomänen" und „nicht privilegierten Wissensdomänen" von Kindern aus. Die privilegierten Wissensdomänen umfassen diejenigen Bereiche, in denen Kinder ohne besondere Anstrengung lernen (z.B. physikalische Konzepte, Sprache). In diesem Bereich verfügen Kinder bereits über bereichsspezifische Theorien. Bereits drei Monate alte Kinder wissen, dass Objekte weiterhin existieren, auch wenn sie sie nicht mehr sehen (physikalische Konzepte). Unter nicht privilegierten Wissensdomänen sind metakognitive Fähigkeiten zu verstehen, also das Wissen über die eigenen kognitiven Prozesse. Kinder erfahren, dass und wie sie etwas gelernt haben, und können dieses Wissen übertragen. Lernprozesse können erleichtert und Kinder dabei unterstützt werden, ihr Verhalten zu planen, Fehler zu entdecken und selbständig zu korrigieren und sich selbst zu steuern. Damit werden wichtige Grundlagen für die Fähigkeit, lebenslang zu lernen, gelegt.

<u>Sozialkonstruktivismus</u>

Während das Konzept der Wissensdomänen die individuelle Entwicklung betont, geht das sozialkonstruktivistische Konzept von der Ko-Konstruktion aus, in dem Kind und Erwachsene gemeinsam Deutungen über das Umfeld herstellen. Demnach verlaufen Entwicklungen zwar einerseits individuell aufgrund exogener und endogener Faktoren. Andererseits sind sie auf den Kontext ausgerichtet, also auf das Aufwachsen mit anderen Menschen im Sozialraum und in postmodernen Gesellschaften mit ihren Chancen, Risiken und Transitionen, und können durch Interaktion bewusst gestaltet werden. Postmoderne konstruktivistische Ansätze lehnen es ab, dass Wissen ausschließlich im Individuum lokalisierbar ist: Lernen und Verstehen werden als soziale Aktivitäten aufgefasst, und kulturelle Aktivitäten und Werkzeuge (z.B. Gegenstände, Sprache) werden als integrale Bestandteile der geistigen Entwicklung betrachtet.

Insgesamt weisen die aktuellen Erkenntnisse darauf hin, dass individuelle Bildungsentwicklungen grundsätzlich in den Verlauf einer regelgerechten Entwicklung eingeordnet werden können, die wesentlich durch das äußere Umfeld (materielles, soziales und kulturelles Umfeld) beeinflusst werden. Dabei gibt es einige wenige endogen vorstrukturierte psychische und psychosoziale Funktionen, die zwingend von außen angeregt und unterstützt werden müssen, wie z.B. das Bindungsverhalten und der Spracherwerb. Bei Ausbleiben der Unterstützung verkümmert diese Funktion oder wird gar nicht erst ausgebildet (vgl. Kasten 2003, S. 58 ff.).

3.4 Zwischenfazit: Wann und wie lernen Kinder?

Die geschilderten Grundlagen und Voraussetzungen legen folgenden Schluss nahe: Ein Kind, das sich wohlfühlt, lernt ständig (vgl. Spitzer 2007, S. 11). Es braucht für diese Lernprozesse eine Bezugsperson, die ihm durch feinfühlige Interaktion Sicherheit vermittelt und ihm so ermöglicht, seinen weiteren Bedürfnissen nach Kompetenz und Autonomie aktiv nachzugehen. Kinder lernen also 24 Stunden täglich: Im Elternhaus, im Supermarkt und auch in der Kindertagespflegestelle. Sie lernen praktisch in allen alltäglichen Handlungen, in ihren sozialen Kontexten und in ihrer Umgebung. Sie lernen durch Bewegung, durch Nachdenken, durch Beispiel, durch Ausprobieren, durch Verstärkung von außen, durch Lehren, durch Erfahrung usw. (vgl. Leu et al. 2007, S. 43).

Lernprozesse verlaufen individuell und sind nie abgeschlossen. Im Verlauf einer Lernerfahrung werden unterschiedliche Kompetenzen angesprochen und weiterentwickelt. Lernprozesse sind demnach ganzheitlich und finden nicht losgelöst voneinander oder an jeweils verschiedenen Orten statt. Sie werden von individuellen Faktoren (z.B. das Temperament) und Lebenslagen (z.B. Bildung der Eltern, Migrationshintergrund) beeinflusst.

Aus der Neugierforschung ist bekannt, dass Kinder sich einem Thema zuwenden, wenn sie es interessant finden. Grundsätzlich speichern alle Menschen diejenigen Erfahrungen nachhaltig ab, denen sie Bedeutung beimessen (vgl. Spitzer 2007). Darüber hinaus lernen Kinder dann, wenn sie Freude daran haben und einen Sinn darin sehen (vgl. Schäfer 2003, S. 15 ff.). Lernen ist also ein aktiver und selektiver Vorgang. Welche Schlüsse daraus für die Kindertagespflege im Hinblick auf den frühkindlichen Bildungsauftrag, Bildungsangebote und –ziele sowie das Lernumfeld zu ziehen sind, werde ich im folgenden Kapitel näher erläutern.

4 Aus dem Bildungsauftrag hervorgehende Anforderungen an die Kindertagespflege

Es wird als Konsens von Entwicklungspsychologie, Pädagogik und Anthropologie angesehen, dass insbesondere kleine Kinder auf verlässliche Zuwendung, Versorgung, Erziehung und Betreuung für die optimale Entwicklung ihrer Potentiale angewiesen sind (vgl. Jurczyk et al. 2004, S. 15).

Aus dem beschriebenen Bildungsverständnis, dem Bildungsauftrag sowie aus den weiteren beschriebenen Voraussetzungen und Grundlagen ergeben sich vielfältige Anforderungen an die Qualität der frühkindlichen Bildung in der Kindertagespflege. An dieser Stelle erfolgt eine schwerpunktmäßige Bearbeitung der wesentlichen und unmittelbar bildungsrelevanten Aspekte, die den Bereichen Orientierungs-, Struktur- und Prozessqualität zugeordnet werden (eine ähnliche Gliederung findet sich auch im Positionspapier „Gute Qualität in Krippe und Kindertagespflege", vgl. Hédervári-Heller et al. o.J.).

4.1 Orientierungsqualität

Pädagogisches Handeln orientiert sich an Vorstellungen über Kinder, kindliche Entwicklung und frühes Lernen, an Zielen, fachlicher Qualität und der Vorstellung darüber, welche Rolle Kinder im sozialen und gesellschaftlichen Leben spielen. Diese Vorstellungen werden in Bildungsplänen, Zielen und Konzepten konkretisiert.

4.1.1 Bildungsplan

Bereits im Zusammenhang mit Vorschulprogrammen wurde nachgewiesen, dass frühe akademisch ausgerichtete Förderung nicht zu besseren kognitiven und schulischen Leistungen führt, wohl aber zu mehr Prüfungsangst und eine weniger positive Einstellung gegenüber der Schule (vgl. Eliot 2001, S. 651 ff.). Darüber hinaus zeigen Studien, dass später eingeschulte Kinder signifikant bessere Leistungen zeigen (vgl. Puhani/Weber 2005). Insgesamt wird die Funktion vorschulischer Bildungsprozesse in der Vermittlung lernmethodischer Fähigkeiten und von Basiskompetenzen, die es dem Kind ermöglichen, im sozialen Kontext verantwortlich zu handeln, gesehen (vgl. Fthenakis 2003, S. 66). Auch aufgrund des in den vorangegangenen Kapiteln geschilderten Bildungsverständnisses und der Erkenntnisse über kindliche Entwicklung kommen eine schulmäßige Ausrichtung und die Aufstellung von Bildungsplänen mit konkret zu vermittelnden Inhalten bei kleinen Kindern nicht in Betracht. Darüber hinaus werden traditionelle Lern- und Lehrkulturen, in denen Kinder Rezipienten vorgegebener Wissensinhalte sind, ohnehin kontrovers diskutiert.

Die Bildungsförderung kleiner Kinder sollte sich vielmehr am Kind orientieren, an seinen Interessen und an seinem Alltag, sowohl in Bezug auf anregende Aktivitäten und die Lernumgebung als auch in Bezug auf die Art und Weise, wie Erwachsene mit den Kindern umgehen, da schon einfachste Interaktionen ihre Spuren hinterlassen. Sie sollte sich darüber hinaus am jeweiligen Entwicklungsstand des Kindes orientieren.

Trotz der Ausrichtung auf den Alltag und der Orientierung am Kind darf die Kindertagespflege nicht völlig der individuellen Ausgestaltung durch die jeweilige TPP überlassen werden. In diesem Fall wäre die Förderung trotz der genannten Orientierungen und Ansätze mehr oder weniger dem Zufall der jeweiligen Schwerpunktsetzung und dem Qualifikationsstand der TPP überlassen. Ich halte es daher für sinnvoll, der Bildungsarbeit in der Kindertagespflege einen offen gestalteten Bildungsplan zugrunde zu legen, wie z.B. das Curriculum „Te Whariki" (= geflochtene Matte; die Metapher beschreibt einerseits, dass auf dieser Matte alle Richtungen der Pädagogik Platz finden, andererseits ein Spinnennetzmodell, in dem von Kindern und Erwachsenen Schwerpunkte eingeflochten werden können). Dieses Bildungskonzept beschreibt die Summe aller Erfahrungen, Aktivitäten und Ereignisse, die Einfluss auf die kindliche Entwicklung nehmen (vgl. Ministry of Education New Zealand 1996).

Für NRW ist die Bildungsvereinbarung NRW mit den geschilderten Bildungsbereichen eine gute Basis für die Entwicklung eines offenen und flexiblen Rahmenplanes in NRW, der den Raum für notwendige Vielfalt pädagogischer und methodischer Ansätze bietet, um Neugier und Kreativität der Kinder und damit ihre Motivation zu wecken. Allerdings steht eine Konkretisierung für unter Dreijährige in Bezug auf deren Bildungspotentiale und Bedürfnisse noch aus.

4.1.2 Bildungsziele

Menschen benötigen für das Leben in Gesellschaften soziale und kognitive Fähigkeiten sowie materiale Kenntnisse und Fertigkeiten. Postmoderne Gesellschaften unterliegen einem immer rasanteren Veränderungsprozess und es wird immer schwerer einzuschätzen, welche Fähigkeiten, welches Wissen oder auch welche Werte für die heute unter Dreijährigen später von Bedeutung sein werden. Die Bildungsziele der Bildungsvereinbarung NRW wurden insofern offen gestaltet und nicht nur die Aneignung von Wissen und Fertigkeiten soll Ziel der Förderung sein, sondern die Begleitung und Unterstützung in allen den Kindern möglichen Entwicklungsbereichen (z.B. sensorisch, motorisch, emotional) auf dem Weg zu ihrer Selbständigkeit. Darüber hinaus soll die Entwicklung von Selbstbewusstsein, Eigenständigkeit und Identität als Grundlage von Bildungsprozessen unterstützt werden. Diese Ziele sollten an der Entwicklung der Gesamtpersönlichkeit ausgerichtet sein. Grundsätzlich werden in Bezug auf Bildungsziele zwei Richtungen unterschieden: Die eine betont die Entwicklung des Kindes als Person und lernendes Individuum in verschiedenen Domänen (körperlich, psychomotorisch, sozial, kognitiv, sprachlich, ästhetisch usw.). Die andere rückt Wissens- und Kompetenzbereiche in den Mittelpunkt, wie z.B. Sprache und Schriftsprachkompetenz oder fächerorientierte Lernbereiche wie Mathematik oder Naturwissenschaften (vgl. Bennett 2000, zit. n. Oberhuemer 2004, S. 365).

Auf der Basis der bisher erarbeiteten Erkenntnisse stehen folgende Ziele im Vordergrund:

Soziale Kompetenzen

Die Entwicklung und Förderung sozialer Kompetenzen ist von Beginn an von Bedeutung. Das Zusammenleben und die Zusammenarbeit von Menschen unterliegen einem Individualisierungsprozess, und z.B. die Fähigkeit zu mehr oder weniger kurzfristiger Zusammenarbeit ohne persönliche Kontakte über kulturelle Grenzen hinweg werden vermutlich an Bedeutung gewinnen. Kinder müssen daher sowohl Selbstvertrauen und Selbstsicherheit als auch Vertrauen in ihre sozialen Kompetenzen entwickeln. Ziele pädagogischen Handelns sind daher zunächst der Aufbau einer sicheren Bindung zum Kind als Basis für die Förderung und Stärkung folgender Kompetenzen: Selbstwertgefühl und -vertrauen, Selbstregulationsfähigkeit, die Fähigkeit, Konflikte friedlich zu lösen und Verantwortung zu übernehmen, Ermöglichen von Selbstwirksamkeitserfahrungen sowie sprachliche und erste interkulturelle Kompetenzen. Diese Fähigkeiten stellen gleichzeitig Schutzfaktoren dar, die die Resilienz der Kinder stärken und ihnen helfen, Übergänge oder Brüche in unterschiedlichen Bereichen zu bewältigen (vgl. Wustmann 2007, S. 119 ff.).

Intelligentes Wissen

Intelligentes Wissen bezieht sich auf ein gut organisiertes, vielfältig vernetztes und flexibel anwendbares System aus Kenntnissen, Fähigkeiten und Fertigkeiten. Inhalte werden sowohl erworben als auch anwendbar gemacht als Vorwissensbasis für neue Anwendungsbezüge und nachfolgende Lernprozesse (vgl. Gisbert/Kunze 2007, S. 27). Kinder benötigen zunächst ein Allgemeinwissen über alltägliche Dinge und Zusammenhänge in allen Bereichen der Gesellschaft als Basis für spätere Lernprozesse. Sie eignen sich viele Dinge selbst durch Nachahmen, im Spiel oder durch Erproben an, anderes ist altersgerecht zu vermitteln.

Materiale Kenntnisse und Fähigkeiten

Menschen benötigen nicht nur allgemeine Kenntnisse und Fähigkeiten, sondern auch spezielles Fachwissen. Ziel ist es, Talente, Fähigkeiten und Interessen zu entdecken und zu entwickeln, indem Kindern altersgerecht und alltagsorientiert verschiedene Wissensbereiche (z.B. Natur, Technik, Kultur) angeboten werden, an die sie später anknüpfen können.

Kognitive und metakognitive Kompetenzen

Aufgrund des technologischen Fortschritts und den damit verbundenen Veränderungs- und Individualisierungsprozessen in vielen gesellschaftlichen Dimensionen ist die Fähigkeit, lebenslang lernen zu können, von Bedeutung. Auch die PISA-Studie hat aufgezeigt, dass der Schlüsselqualifikation „Selbstgesteuertes Lernen" eine hohe Bedeutung zukommt. Die Entwicklung lernmethodischer Kompetenzen im Elementarbereich wurde bisher kaum erforscht. Bekannt ist bisher ein metakognitiv orientierter Ansatz, der von der schwedischen Frühpädagogin Ingrid Pramling entwickelt und evaluiert wurde. Dieser Ansatz geht von den kindlichen, intuitiven Theorien und Konzepten aus und reflektiert sowohl die Inhalte und Strukturen des Inhalts als auch das Lernen selbst (vgl. Kunze/Gisbert 2003, S. 75 ff). Auf diese Weise kann kontinuierliches und selbstorganisiertes Lernen gefördert werden.

4.1.3 Pädagogisches Konzept

Gemäß KiBiz wird der Bildungsauftrag der Kindertagespflegestelle in einem schriftlichen pädagogischen Konzept konkretisiert.

Das Konzept geht von dem geschilderten Bildungsverständnis und aufgrund der Erkenntnisse der Hirnforschung und Entwicklungspsychologie vom Bild des „kompetenten Säuglings" bzw. Kleinkindes mit seinen vielfältigen Fähigkeiten und Potentialen aus. Die Orientierung sollte jedoch sowohl an Theorien und Konzepten als auch am Kind ausgerichtet sein, um nicht durch einseitige Ausrichtung eine Überlagerung anderer relevanter Aspekte herbeizuführen (indem z.B. Theorien über Kinder und deren Entwicklung die Realität überlagern und zu einer standardisierten Förderung führen). Beobachtung und Reflexion der individuellen Entwicklung sind daher Bestandteile des Konzeptes.

Darüber hinaus sollte sich das Konzept an den psychischen (z.B. emotionale Sicherheit, Bindung) und physischen Grundbedürfnissen der Kinder und an einer ganzheitlichen Förderung orientieren. Der Entwicklungsstand des Kindes sollte im Rahmen einer Förderung mit Maß und Ziel berücksichtigt werden, die sich im „Spannungsfeld zwischen Reizüberflutung und Sinnesarmut" (Ebert 2003, S. 339) bewegt. Im Konzept wird deutlich, dass sich die Förderung an den Interessen des Kindes mit individuellen Ressourcen orientiert, die für ihre Entwicklung erwachsene Bildungspartner brauchen. Die Einbettung der individuellen Bildungsentwicklung im sozialen Kontext findet Berücksichtigung, indem die TPP ihre eigene Rolle als Ko-Konstrukteur von Bildung versteht, die bei der Förderung vor allem den familiären, aber auch den gesellschaftlichen und sozialräumlichen Hintergrund des Kindes berücksichtigt. Durch planvolles pädagogisches Handeln ermöglicht und unterstützt die TPP das Kind und legt so mit Blick auf die jeweiligen Inhalte und Ziele im Idealfall einen „roten Faden" in die am Kind orientierte Bildungsentwicklung. Bildungsprozesse werden durch einen erzieherischen Rahmen und durch Betreuung abgesichert.

4.2 Strukturqualität

Strukturqualität bezieht sich auf die Rahmenbedingungen, also mittelbare Dimensionen von Qualität. Experten zufolge müssen Kindertagespflegestellen grundsätzlich Strukturen eines informellen Lernumfeldes aufgeben und stattdessen Strukturen aufbauen, die effizientes Lernen ermöglichen. (Kunze/Gisbert 2007, S. 23).

4.2.1 Kenntnisse und Kompetenzen

Bis vor wenigen Jahren vertraten selbst Experten oftmals die Meinung, dass die Kindertagespflege nach vorliegenden Praxiserfahrungen und nur wenigen im engeren Sinne wissenschaftlich gesicherten Daten eine auf weite Strecken strukturell ungesicherte und hinsichtlich ihrer pädagogischen Qualität zweifelhafte Form der Tagesbetreuung von Kindern darstellt (vgl. Tietze 2004, S. 345). Die konsequente Umsetzung der in Kapitel 2 und 3 genannten Aspekte erfordert eine entsprechende Qualifikation der TPP, z.B. indem ein länderübergreifender, verpflichtender Qualifikationsrahmen geschaffen wird. Das Curriculum des Deutschen Jugendinstitutes (s. Abb. 3), das mit einem

Umfang von 160 Stunden von Experten als Mindestqualifikation empfohlen wird (vgl. Becker-Stoll 2007), ist ein erster Ansatz in diese Richtung und sollte weiter ausgebaut werden.

Nach den rechtlichen Vorgaben sollen TPP über vertiefte Kenntnisse hinsichtlich der Anforderungen der Kindertagespflege verfügen, die sie auf der Basis eines wissenschaftlichen Lehrplanes erwerben. TPP müssen Kenntnisse über den Bildungsauftrag und die damit verbundenen Anforderungen (z.B. Beobachtung und Dokumentation) haben. Sie benötigen differenzierte Kenntnisse über kindliche Bedürfnisse, vor allem in Bezug auf die Bindungsbedürfnisse und Bindungsmuster und über die Entwicklung des kindlichen Gehirns. Sie müssen wissen, dass nicht nur genetische Grundlagen, sondern vom ersten Tag an aufgrund der Anpassungsfähigkeit des kindlichen Gehirns auch endogene Faktoren, also Erfahrungen und Sinneseindrücke aus der Umwelt, eine entscheidende Rolle spielen für die Entwicklung des Kindes. Lernangebote müssen darüber hinaus den Entwicklungsstand des Kindes berücksichtigen, da sie sonst nicht angenommen und verarbeitet werden können, also sind entwicklungspsychologische Kenntnisse unerlässlich. Die Einbettung der Bildungsprozesse in soziale Kontexte und die ko-konstruktivistische Sichtweise machen darüber hinaus weitere Kenntnisse, z.B. im Bereich der Familienentwicklung erforderlich (vgl. Schneewind 2002, S. 105 ff.). Sie brauchen weiterhin ein Grundwissen über frühes Lernen, sachliche Themen, Methoden, Konzepte und Ansätze (z.B. Metakognition). Diese Kenntnisse dürfen jedoch nicht losgelöst voneinander betrachtet werden, da emotionale Erfahrungen, Entwicklungs- und Lernprozesse aufeinander bezogen sind, sich wechselseitig beeinflussen und im Kontext der komplexen Prozesse des alltäglichen Lebens gesehen werden müssen. Der Transfer wissenschaftlicher Erkenntnisse in praxis- und handlungsorientierte Konzepte und Methoden (z.B. Beobachtungs- und Dokumentationskonzepte oder Eingewöhnungskonzepte) sichergestellt werden.

Zusammenfassend kann gesagt werden, dass TPP umfassende pädagogische Grundkenntnisse und erzieherische Kompetenzen zur altersentsprechenden und ganzheitlichen Förderung benötigen, um durch Schaffen von Bildungsgelegenheiten Wissensaneignung zu ermöglichen.

4.2.2 Betreuungsschlüssel und Kontinuität

TPP benötigen aufgrund der individuellen Verläufe von Bildungsentwicklungen und der Orientierung am Kind spezifische Kenntnisse über jedes Kind: Seine Interessen, sein Umfeld, seine speziellen Ressourcen. Sie brauchen daher Zeit, um sich jedem Kind – und seiner Familie - individuell zuzuwenden. I.d.R. werden bis zu fünf fremde Kinder in der TP betreut. Die in Kapitel 3 beschriebenen Erkenntnisse verdeutlichen, dass ein niedriger Betreuungsschlüssel erforderlich ist, je jünger die Kinder und je altershomogener die betreuten Kinder sind. Daher wird folgender Betreuungsschlüssel als geeignet erachtet: Betreuungsschlüssel 1:2 bei Kindern bis zu 12 Monaten betragen, 1:3 bei Kindern bis zu 24 Monaten und 1:5 bei älteren Kindern (vgl. Hédervári-Heller et al. o.J.). Fluktuationen durch Wechsel der Tagespflegestellen sind soweit wie möglich zu vermeiden, um die Bindungsqualität und Bildungsentwicklung nicht negativ zu beeinflussen.

4.2.3 Fachberatung

TPP arbeiten überwiegend in ihren privaten Räumlichkeiten, also weitestgehend isoliert, daher müssen für die Sicherung der Qualität Strukturen vorhanden sein, um Fragen zur Bildungsförderung zu beantworten. Nach dem SGB VIII haben TPP Anspruch auf Beratung durch den Jugendhilfeträger. Experten fordern für maximal 40 Tagespflegefälle eine entsprechend ausgebildete Fachberatung (vgl. Hédervári-Heller et al. o.J.). Die Fachberatung umfasst u.a. die begleitende Beratung, Hausbesuche, Sicherstellen der Qualifizierung, Fachaustausch sowie Möglichkeiten der formellen und informellen Begegnungen (vgl. Gerszonowicz 2009, S. 125 ff.). Darüber hinaus könnte durch die Fachberatung die Qualitätssicherung und –entwicklung der Bildungsförderung realisiert werden, indem sie den TPP z.B. Evaluationsinstrumente an die Hand gibt.

4.2.4 Vernetzung

Für die Sicherung der Bildungsqualität sind Vernetzungen mit anderen TPP oder weiteren Akteuren (z.B. Kindertagesstätten) von Vorteil. TPP könnten vor Ort und mit Unterstützung der Fachberatungen kollegiale Fallberatungsteams bilden, mit Hilfe derer konkrete Bildungsentwicklungen und das eigene pädagogische Handeln reflektiert und Ideen für weitere Schritte entwickelt werden können. Vernetzungen könnten darüber hinaus durch eine Tagesbetreuungskonferenz (mit Beteiligung der Fachberatung, der Fachkräfte und weiterer Akteure) in Familienzentren sozialräumlich realisiert werden, um die Qualität durch die gemeinsame Entwicklung von Standards, Konzepten, durch Fortbildungsangebote, Reflexion, kollegiale Beratung und Evaluation zu sichern. Die Gremien sollten durch den Jugendhilfeträger initiiert, unterstützt und von diesem koordiniert werden.

4.2.5 Räumlichkeiten, Lernumfeld

Nach den rechtlichen Vorgaben findet die Betreuung in kindgerechten bzw. geeigneten Räumlichkeiten statt. Wie beschrieben haben Kinder einen großen Anteil an ihrer eigenen Entwicklung. Sie suchen sich selbständig aus den ihnen gebotenen Möglichkeiten Erfahrungen und Aktivitäten, durch die sie – altersgemäß primär über Sinneserfahrungen - lernen. Der Abwechslungsreichtum der Umwelt bestimmt, wie komplex sich das Gehirn entwickelt und vernetzt. Raumgestaltung gehört daher zu den zentralen pädagogischen Aufgaben (vgl. Laewen 2002, S. 51). Die Tagespflegestelle sollte einen ausbalancierten, geschützten und überschaubaren Rahmen für Bildungsentwicklungen bieten. Dieser sollte Kindern entwicklungsentsprechend Freiflächen, Spielflächen und sinnesanregende Materialien, Anregungen, Herausforderungen, Raum für Kreativität und Phantasie, Gelegenheit zum gemeinsamen Spiel und auch Rückzugsmöglichkeiten bieten (vgl. Héderváry-Heller et al. o.J.). Räume müssen so gestaltet sein, dass sie Neugierde und Forscherdrang von Kindern befriedigen. Sie müssen den Kindern erlauben, Orte, Zeitdauer, Materialien sowie Spielpartner selbst zu wählen. (vgl. Schäfer 2003, S. 114 ff.). Neben den Räumlichkeiten sollte auch das Umfeld ausreichend Anregungen und Bildungsgelegenheiten bieten, z.B. durch Spielen in der Natur.

4.2.6 Finanzielle und personelle Ausstattung

Eine Studie zur Auswirkung zusätzlicher Investitionen in strukturelle Rahmenbedingungen auf die Qualität der pädagogischen Arbeit kam zu dem Ergebnis, dass personelle und zeitliche Ressourcen entscheidende Faktoren im Hinblick auf die Qualität frühkindlicher Tagesbetreuung darstellen (vgl. Becker-Stoll 2009, S. 167 ff.). Bildungsförderung kann nur gelingen, wenn die

Fachkräfte entsprechend den geschilderten Anforderungen ausgebildet und die Tagespflegestellen entsprechend ausgestattet sind. Hohe Anforderungen an die Qualifikation und erhöhter Personalbedarf (Fachberatung und TPP) verlangen jedoch einen erhöhten Einsatz finanzieller Mittel.

4.3 Prozessqualität

Unter Prozessqualität wird die Qualität der unmittelbaren pädagogischen Prozesse, vor allem die Interaktionen zwischen den Beteiligten, verstanden.

4.3.1 Eingewöhnungsprozess

Für den Aufbau der Bindung zur TPP ist eine durch die Eltern oder andere Bindungspersonen begleitete Eingewöhnungsphase Voraussetzung. Fehlende Eingewöhnungszeit kann Kinder überfordern und sie können mit erhöhten Erkrankungsraten oder Irritationen der Bindungen an die Mütter reagieren (vgl. Laewen/Andres 2002, S. 148 ff.).TPP sollten die Eingewöhnungsphase nach einem geeigneten Konzept gestalten (z.B. das *„infans"* Eingewöhnungsmodell, vgl. Laewen/ Andres S. 154 ff.). Eltern und Tagespflegepersonen sollten dabei reflektieren, dass Bindungen hierarchisch geordnet sind und nicht in Konkurrenz zueinander stehen.

4.3.2 Bindungen und Beziehungen

Nach internationalen Studien profitieren auch Kinder unter drei Jahren davon, wenn sie weitere Menschen kennen, denen sie vertrauen – sofern die Qualität der Betreuung gewährleistet ist (vgl. Resch/Lehmkuhl 2008).Die TPP sollte auf die – sekundären - Bindungsbedürfnisse des Kindes eingehen, durch eine feinfühlige, zuverlässige und dialogische Haltung emotionale Sicherheit vermitteln und so emotionalen, sozialen und kognitiven Grundbedürfnissen Rechnung tragen. Durch die stabile und für das Kind überschaubare Betreuungssituation kann die Bindungsfähigkeit gefördert werden.

4.3.3 Interaktion zwischen der Tagespflegeperson und dem Kind

Da die Bildungsförderung einen sozialen Austausch erfordert, gilt die Interaktion als Schlüsselvariable für die Qualität pädagogischer Prozesse (vgl. Franke 2009, S. 203). Dabei gilt: Je höher der Umfang der Fremdbetreuung, umso stärker werden Bildungsentwicklungen von TPP beeinflusst und umso höher ist die Bedeutung der Interaktion einzuschätzen. Je jünger die Kinder in ihrer Entwicklung sind, desto wichtiger ist die kind-, entwicklungs- und situationsgemäße Gestaltung von Interaktionen (vgl. Fthenakis 2009 b, S. 9). Kleine Kinder brauchen ein lebendiges Gegenüber, das ihnen mit Empathie begegnet, sie herausfordert und das sie nachahmen können. Der Kommunikation kommt insofern besondere Bedeutung zu, als eine differenzierte Entwicklung kognitiver Funktionen ganz wesentlich von den Kommunikationsfähigkeiten abhängt (vgl. Singer 2003, S. 74ff.). Die Qualität der Interaktion wird z.B. an der Sensitivität und Responsivität und einer reziproken (statt direktiven oder restriktiven) Interaktion deutlich (vgl. Fthenakis 2009 a, S. 10 ff.). Darüber hinaus tragen positive Verhaltensstrategien zu einer entwicklungsangemessenen Förderung bei (z. B. Eröffnen von Wahlmöglichkeiten; vgl. Kunze/Gisbert 2003, S. 52). Die TPP sollte auf jedes Kind persönlich und individuell eingehen und sich an den Interessen und Ressourcen orientieren, wobei die pädagogische Arbeit einen Brückenschlag ermöglichen sollte zwischen den Interessen des Kindes und dem, was Erwachsene für sinnvoll erachten.

Die Interaktion zwischen TPP und Kind ist individuell auszubalancieren. Die Aufgabe der Erwachsenen besteht zunächst vor allem darin, Kindern einen sozialen und sachlichen Rahmen vorzugeben und zu sichern, in dem sie ihr Können einsetzen und weiterentwickeln (vgl. Schäfer 2008, S. 7). Ein Beispiel für eine geeignete Unterstützungsform ist das Scaffolding (engl. = Gerüst), in dem der Erwachsene dem Kind einen Unterstützungsrahmen zur Verfügung stellt, der sensibel an die Fähigkeiten des Kindes angepasst ist (vgl. Bruner 1983, zit. n. Gisbert 2003, S. 89). Ein Beispiel ist die Unterstützung bei einem Puzzle-Spiel, in dem der Erwachsene dem Kind Lösungsstrategien vorschlägt, z.B. indem zunächst der Rahmen zusammengesetzt wird. Dieses „Gerüst" wird solange zur Verfügung gestellt, bis das Kind selbst in der Lage ist, das Puzzle zusammenzusetzen. Kinder erwerben so auch erste metakognitive Kompetenzen (vgl. Gisbert 2003, 91 ff.), die ihnen ermöglichen, Wissen und Fähigkeiten zu generalisieren.

4.3.4 Individuelle Förderung

Individuelle Förderung bezieht sich auf sämtliche Bereiche frühkindlicher Bildung, z.B. kognitive, motorische, musikalische oder sprachliche Bildungsbereiche (vgl. Héderváry-Heller et al. o.J.). Sie kann sowohl themenorientiert als auch themenübergreifend erfolgen. Sie umfasst auch die Förderung der Kompetenzen für soziales Handeln und unterstützt die Persönlichkeitsentwicklung des Kindes. Da frühkindliches Lernen gleichbedeutend ist mit Spiel, sollten Kinder vor allem auf spielerische Art und Weise gefördert werden. Trotz Alltags- und Kindorientierung sollte der Entwicklungshorizont des Kindes nicht auf diese Orientierung begrenzt, sondern durch entsprechende Angebote angemessen erweitert werden. Bei allen Förderungsaktivitäten sind die aktuelle Aufnahmefähigkeit des Kindes, sein Erfahrungshorizont und der Entwicklungsstand zu berücksichtigen.

4.3.5 Pädagogische Haltungen und Kompetenzen

TPP, die vom Kind als aktivem Lerner ausgehen, sollten bereit sein, als aufmerksame Bildungspartner selbst zu lernen. Sie sollten das Kind als einen Experten in eigener Sache mit einem Recht auf Bildung und Beteiligung respektieren. Sie sollten offen für Erziehungs-, Entwicklungs- und Bildungsfragen sein, sich auf spezifische Interessen oder Bedürfnisse einlassen und mit Eltern und anderen Fachkräften kooperieren. Damit sollten sie gleichzeitig bereit sein, Unsicherheiten in Kauf zu nehmen. Indem sie das Kind eigene Erfahrungen machen lassen, praktizieren sie eine „Pädagogik des Innehaltens" (Schäfer 2008, S. 13). Sie sollten dem Kind empathisch, wahrnehmend und respektvoll begegnen und das Bedürfnis nach Nähe oder Distanz einschätzen können. Durch eine dialogische Haltung sollten sie dem Kind ermöglichen, sich durch Kommunikation und menschliche Begegnung aktiv mit ihrer Welt in Beziehung zu setzen (vgl. Dahlberg 2004, S. 28).

TPP müssen bereit sein, ihr Wissen regelmäßig zu aktualisieren. Neben den pädagogischen brauchen TPP auch eine Vielzahl personaler Kompetenzen wie Belastbarkeit oder Reflexionsfähigkeit.

4.3.6 Elternarbeit

An kindlichen Bildungsprozessen sind nicht nur die Kinder selbst, sondern auch Eltern und pädagogische Fachkräfte beteiligt (vgl. Colberg-Schrader 2003, S. 267). Die Lebens- und Lernorte Familie und Kindertagespflegestelle wirken wechselseitig aufeinander. Familien sind nach wie vor der wichtigste Lernort außerhalb von Bildungseinrichtungen, der am stärksten und nachhaltigsten Einfluss auf die kindliche Entwicklung nimmt. Aus dieser Sichtweise heraus sind Eltern als Experten für die Förderung ihrer Kinder zu sehen und werden zu wichtigen Bildungspartnern. Eine vertrauensvolle, transparente Zusammenarbeit und regelmäßiger persönlicher und respektvoller Kontakt mit den Eltern ist von Vorteil für die Bildungsentwicklung. Für den Bereich der Kindertagesstätten ist erwiesen, dass Kinder und Eltern von einer positiven Verbindung zwischen den beiden Lebensbereichen Familie und Kindertageseinrichtung profitieren (vgl. Viernickel 2008 S. 33 ff.). Bei entsprechender Qualifikation könnten in der Kindertagespflege m.E. ähnliche Effekte erzielt werden.

4.3.7 Orientierung und Vernetzung im Sozialraum

Bildungsentwicklungen sind in soziale Kontexte eingebettet, und Kinder machen sich mit Unterstützung der Erwachsenen nach und nach auch mit ihrem sozialräumlichen Umfeld vertraut. Der Übergang in eine Kindertageseinrichtung kann durch Kontakte und Austausch mit den ErzieherInnen erleichtert werden und ermöglicht die kontinuierliche Begleitung des Bildungsweges.

4.3.8 Beobachtung und Dokumentation

Die TPP sind nach dem KiBiz verpflichtet, Bildungsprozesse zu beobachten und zu dokumentieren und die Bildungsentwicklung zu planen, zu reflektieren und zu evaluieren. Hintergrund sind u.a. die sensiblen Entwicklungsphasen, in denen das rechte Bildungsangebot zur rechten Zeit verfügbar sein sollte (Singer 2003, S. 73 ff). Da diese Phasen individuell verlaufen, müssen sich TPP dicht am Kind orientieren. Dies kann mit Hilfe der Methode „Bildungs- und Lerngeschichten" erfolgen, die im Folgenden näher beschrieben wird.

4.4 Exkurs: „Bildungs- und Lerngeschichten"

Beobachtung und Dokumentation ist unerlässlich, um Entwicklungen eines Kindes wahrzunehmen und die weitere Unterstützung zu planen (vgl. Hinke-Ruhnau, S. 50). Die Vorteile von Bildungsdokumentationen wurden von Bensel und Haug-Schnabel ausführlich dargelegt (vgl. Bensel/Haug-Schnabel 2005). Eine wirkungsvolle Methode zur Unterstützung von Bildungsprozessen sind die „Bildungs- und Lerngeschichten", die vom Deutschen Jugendinstitut aus Neuseeland für die Anwendung in Kindertagesstätten adaptiert wurden (vgl. Leu et al. 2007). Die Methode wurde von Margaret Carr im Zusammenhang mit dem neuseeländischem Curriculum für die frühe Kindheit (Maori: „Te Whariki" = gewobene Matte, auf der alle – Ureinwohner und auch anglo-europäische Bevölkerung - stehen können) entwickelt. Lernfelder des Curriculums sind Zugehörigkeit, Wohlbefinden, Exploration, Kommunikation und Partizipation. Für jedes Lernfeld werden mögliche Lernergebnisse, relevantes Wissen und entsprechende Kompetenzen und Einstellungen beschrieben. Es werden keine konkreten Inhalte festgelegt, sondern Aussagen zur Reflexion der pädagogischen Arbeit gemacht. Kinder erleben eine Umgebung, in der sie mündliche Sprachkompetenz für eine Vielfalt situativer Anforderungen erwerben (vgl. Oberhuemer 2003, S. 51 ff.). Grundlage des Curriculums bilden die vier Prinzipien Empowerment, ganzheitliche Entwicklung, Integration von Familie und Gemeinde in das Curriculum und Beziehungen (zu Menschen, Orten und Dingen). In das Verständnis vom Lernen sind soziale, emotionale und kognitive Lernaspekte integriert, darüber hinaus geht das Curriculum von einer ko-Konstruktivistischen Perspektive aus: Kinder sollen als kompetent und selbstbewusst Lernende und Kommunizierende mit erwachsenen Bildungsbegleitern aufwachsen.

Dieses Curriculum bildet die Grundlage für die Dokumentationsmethode „Bildungs- und Lerngeschichten" zur Beobachtung und Dokumentation von Bildungsprozessen. Sie ist darauf ausgerichtet, das Lernvermögen der Kinder zu verbessern und zu steigern. Carr ersetzt den defizitären Blick auf fehlende Kompetenzen durch eine ressourcenorientierte, interpretierende Beobachtung und Wahrnehmung. Kern der Methode sind fünf Lerndispositionen, die für Carr grundlegende Voraussetzungen für Bildungs- und Lernprozesse sind und damit die Basis für lebenslanges Lernen bilden. Die Lerndispositionen sind: Interessiert sein, Engagiert sein, Standhalten bei Schwierigkeiten, sich ausdrücken und mitteilen sowie an einer Lerngemeinschaft mitwirken. Abgebildet werden die beobachteten Dispositionen des Kindes in „learning stories", mit Hilfe derer die an der Bildungsentwicklung Beteiligten sich austauschen, die pädagogische Arbeit reflektieren und auch evaluieren (vgl. Leu et al. 2007, S. 48 ff.).

Mit dem Erlass des KiBiz im August 2008 sind nicht nur ErzieherInnen in Kindertagesstätten, sondern auch TPP in Nordrhein-Westfalen verpflichtet,

Bildungsprozesse zu beobachten und zu dokumentieren. Im Rahmen eines Studienprojektes habe ich von Oktober 2008 bis August 2009 eine Fortbildung zur Bildungsdokumentation in der Kindertagespflege auf der Basis der Methode Bildungs- und Lerngeschichten geplant, durchgeführt und evaluiert (vgl. Schäfer 2009). Aufgrund der unterschiedlichen Rahmenbedingungen von institutioneller Betreuung und Kindertagespflege war eine Anpassung des Konzeptes erforderlich, z.B. aufgrund der heterogenen Qualifikationsvoraussetzungen der Tagespflegepersonen und des fehlenden kollegialen Austausches. Den unterschiedlichen Qualifikationen konnte mit der Erweiterung des Fortbildungskonzeptes in Bezug auf die Vermittlung grundlegender Wissensbestände im Bereich frühkindlicher Bildung begegnet werden, während der kollegiale Austausch von den teilnehmenden TPP auf privater Basis initiiert wurde.

Mit der Evaluation des Projektes konnte nachgewiesen werden, dass wesentliche Elemente dieser Methode auf die Kindertagespflege übertragen werden können. Die TPP haben im Rahmen einer zweitägigen Fortbildung die erforderlichen Kompetenzen für die Bildungsdokumentation erworben, sodass die Bildungsprozesse der von ihnen betreuten Kinder nunmehr durch systematische und ressourcenorientierte Beobachtung und Dokumentation wirkungsvoll unterstützt werden können. Darüber hinaus verfügen die Tagespflegepersonen über ein Instrument, das die zweifache Funktion der externen Dokumentation und der internen Reflexion der pädagogischen Arbeit erfüllt. Die externe Dokumentation, z.B. durch die Integration der Lerngeschichten in die Portfolioarbeit (Portfolio = Bildungs- oder Lernbuch), führt darüber hinaus zu einem intensiveren Austausch über die Bildungsentwicklung – sowohl mit den Eltern als auch – altersentsprechend - mit dem Kind.

5   Kindertagespflege aktuell

An dieser Stelle werden aktuelle Daten zur Bildung in der Kindertagespflege dargestellt, soweit valide Daten zur Verfügung stehen.

5.1 Quantitativer Ausbau

Aufgrund des steigenden Betreuungsbedarfes für unter Dreijährige soll die Betreuungsquote bis zum Jahr 2013 auf 35 % steigen, davon sollen 30 % der Plätze im Rahmen der Kindertagespflege abgedeckt werden. In NRW wurden im März 2009 13.100 Kinder unter drei Jahren im Rahmen der Kindertagespflege betreut, was einem Anteil von 2,9 % der unter dreijährigen Kinder entspricht (vgl. Landesbetrieb Information und Technik NRW 2009).

5.2 Bildungspläne und Konzepte

Insgesamt gibt es entsprechend der Anzahl der Bundesländer 16 Bildungspläne. Die U3-Förderung wurde bisher nur in 12 Bildungsplänen explizit aufgenommen, die Kindertagespflege wiederum wird nur in vier der 16 Bildungspläne erwähnt (vgl. Hinke-Ruhnau 2009, S. 44). In NRW wurde mit der Bildungsvereinbarung sowie dem KiBiz ein Rahmen für die frühkindliche Bildung geschaffen, wobei die Bildungsvereinbarung nicht auf die Förderung unter Dreijähriger mit ihren altersspezifischen Bedürfnissen eingeht.
Dieser Rahmenplan wird von den jeweiligen Jugendhilfeträgern individuell ausgestaltet (z.B. durch Festlegen von Mindestbetreuungszeiten, Standards für die Eingewöhnungsphase). Bundes- oder ländereinheitliche Konzepte gibt es nicht.
Nach dem KiBiz führen TPP die Bildung nach einem eigenen pädagogischen Konzept durch. Inwieweit diese Vorgabe umgesetzt wurde, ist nicht bekannt.

5.3 Qualifikation der Tagespflegepersonen

Im Bereich der öffentlich geförderten Tagespflege in den westlichen Bundesländern wurden im Jahr 2008 folgende Daten erhoben (s. Abb. 3):
17 % der TPP verfügten über keinerlei formale Qualifikation. 47 % der TPP verfügen über einen Qualifizierungskurs, wobei sich für diesen Kurs bisher noch kein bundeseinheitlicher Standard durchgesetzt hat (der Umfang schwankt zwischen 30 und 160 Stunden, mögliche Inhalte s. Anhang S. X). TPP, die über eine pädagogische Berufsausbildung verfügen, stellen einen Anteil von 13 % dar. 23 % der TPP haben neben der pädagogischen Berufsausbildung einen Qualifizierungskurs für TPP absolviert. Im Vergleich zu den

Vorjahren ist ein Anstieg des Qualifikationsniveaus zu verzeichnen (z.B. in 2006: 33 % der TPP ohne formale Qualifikation).

Durch verschiedene Ausbau-Initiativen wird die TP auch qualitativ weiter entwickelt. Im Rahmen des EU-Projektes „Aktionsprogramm Kindertagespflege" soll mit Einführung eines Gütesiegels und der Übernahme der Qualifizierungskosten ein fachlicher Standard gewährleistet werden (s. BMFSFJ 2009). Ziel ist es, flächendeckend die Grund- und Weiterqualifizierung von Tagespflegepersonen im Umfang von 160 Stunden zu verankern (gem. Curriculum des DJI, s. Anhang S. III). Aus dem Themenspektrum ist ersichtlich, dass auch unmittelbar bildungsrelevante Themen angesprochen werden.

5.4 Beobachtung und Dokumentation

Im Rahmen des DJI-Curriculums werden Grundlagen der Beobachtung und Dokumentation vermittelt. Ob und wie dieser Auftrag umgesetzt wird, wurde bisher nicht evaluiert. Das Qualifizierungskonzept für die Methode der Bildungs- und Lerngeschichten wird derzeit durch das DJI auf die Kindertagespflege übertragen. Im Bereich der Stadt Paderborn konnten aufgrund meines Studienprojektes bisher 30 TPP qualifiziert werden (s. Kapitel 4.4).

5.5 Finanzierung und Pflegegeldleistungen

Die Betreuungskosten der öffentlichen Kindertagespflege werden in Westdeutschland zum Großteil privat getragen (s. Abb. 4), wobei die finanzielle Beteiligung der Eltern je nach Wohnort sehr unterschiedlich ist und eine Zugangsbarriere darstellen kann. Die Ausgaben der öffentlichen Hand für die Kindertagesbetreuung insgesamt betrugen im Jahr 2006 14,1 Mrd. Euro (s. Abbildung 5). Trotz des Ausbaus der Kindertagespflege sind die Ausgaben nicht signifikant gestiegen (s. Abb. 6). Die Ausgaben in NRW wiederum bewegen sich im Bundesdurchschnitt (s. Abb. 7).

Die finanzielle Ausstattung soll zurzeit mit unterschiedlichen Programmen und Projekten verbessert werden (z.B. das EU-Projekt „Aktionsprogramm Kindertagespflege", das den quantitativen und qualitativen Ausbau der Kindertagespflege mit dem Einsatz von EU-Mitteln fördert).

Im Rahmen der Kostenschätzung des TAG wurde das Pflegegeld mit 480 Euro im Monat angesetzt (für eine Betreuung von 40 Stunden wöchentlich).

Die weitere Qualifizierung der Kindertagespflege wird mit einer Erhöhung des Pflegegeldes auf 550 Euro im Monat angesetzt. Einheitliche, bundesweit geregelte Pflegegeldsätze für den Bereich der öffentlich finanzierten Kindertagespflege gibt es derzeit nicht. Erhebungen über tatsächliche Pflegegeldleistungen in NRW liegen nicht vor. Seit dem 01.01.2009 werden z.B. durch das Stadtjugendamt Paderborn für eine Vollzeitbetreuung zwischen 352,00 und 563,00 Euro Pflegegeld pro Monat gezahlt, wobei ausschließlich die tatsächliche Betreuungszeit ausschlaggebend ist für die Pflegegeldzahlung.

5.6 Qualitätssicherung- und Weiterentwicklung

Auch in diesem Bereich liegen aus NRW keine Daten vor. Aufgrund fehlender verbindlicher Vorgaben bewegt sich die Elementarbildung je nach Ausgestaltung des jeweiligen Jugendhilfeträgers auf unterschiedlichem Niveau, woraus sich ungleiche Chancen für die Kinder ergeben. Darüber hinaus besteht keine Transparenz, weder für die Fachkräfte selbst noch für Eltern, die eine geeignete Tagespflegestelle suchen.

6 Resümee

Im Kapitel 1 habe ich dargelegt, warum die frühkindliche Bildung in der Kindertagespflege in den letzten Jahren immer weiter an Aktualität und Bedeutung gewonnen hat. Im Kapitel 2 folgte eine Erläuterung des Begriffes Kindertagespflege, der rechtlichen Grundlagen und des Bildungsverständnisses. Im Kapitel 3 habe ich kindliche Bildungsprozesse sowie deren Voraussetzungen und Bedingungen beschrieben. Daraufhin habe ich in Kapitel 4 die daraus erwachsenden Anforderungen an die Bildungsförderung in der Kindertagespflege dargestellt. Im Kapitel 5 erfolgte eine Darstellung der aktuellen Situation in der Kindertagespflege im Hinblick auf die frühkindliche Bildung.

Bereits im Kapitel 2 wurde deutlich, dass nach dem aktuell von Experten vertretenen Bildungsverständnis auch die Kindertagespflege als Bildungsinstanz verstanden werden muss. Die rechtlichen Grundlagen und Rahmenbedingungen verdeutlichen, dass auch der Gesetzgeber diesem Bildungsverständnis Rechnung trägt und den TPP den Auftrag zuweist, die frühkindliche Bildungsentwicklung zu fördern. Deutlich wurden darüber hinaus die vielfältigen Bildungspotentiale unter Dreijähriger, deren Entfaltung durch die Umwelt beeinflusst wird. Insgesamt wurde deutlich, dass Kinder emotionale Zuwendung, wertschätzende und anregende Kommunikation, entwicklungsentsprechende Räumlichkeiten und die Gestaltung entsprechender Situationen benötigen.

Diesen Anforderungen kann nur entsprochen werden, wenn die Rahmenbedingungen entsprechend ausgestaltet werden. Vor allem die Qualifikation der TPP muss den Anforderungen in der Elementarpädagogik entsprechen. Zwar ist das Qualifizierungsniveau gestiegen, jedoch ist das Ausbildungsniveau insgesamt nicht geeignet, den TPP die erforderlichen Kenntnisse und Kompetenzen zu vermitteln. TPP können in den Grundkursen aufgrund des engen Zeitrahmens m.E. nicht mehr als einen Überblick über sämtliche Bereiche der Kindertagespflege erhalten, eine umfassende Erarbeitung und Vertiefung in Bezug auf frühkindliche Bildung ist jedoch nicht möglich. Auch im Rahmen des DJI-Curriculums, das 160 Stunden umfasst, können bildungsrelevante Themen nicht in der erforderlichen Bandbreite behandelt werden. In Bezug auf die Ausbildung der ErzieherInnen – die mehr und mehr auch unter Dreijährige betreuen - weisen Experten auf eine bemerkenswerte Kluft zwischen der Ausbildung und der frühkindlichen Forschung hin (vgl. Franke 2009, S. 205). Sie fordern eine mittelfristige Anhebung der ErzieherInnenausbildung auf Hochschulniveau, so wie es in fast allen anderen Ländern Westeuropas der Fall ist (vgl. Oberhuemer 2003, S. 165; Ebert 2003; Balluseck et al. 2003). Gründe sind u.a. neue wissenschaftliche Erkenntnisse über Kinder, Kindheit, Bildung und Erziehung.

Um den Ausbau von Qualität und Quantität steuern zu können, sollte die Kindertagespflege in das System der öffentlichen Kindertagesbetreuung und in das Bildungssystem eingeordnet werden. Damit können verlässliche und einheitliche Rahmenbedingungen geschaffen werden (z.B. Bereitstellen der erforderlichen finanziellen und personellen Ressourcen, Sicherstellen von personeller Kontinuität, verbindliche, transparente Standards zur Orientierung und Unterstützung der Fachkräfte, leistungsgerechte Entlohnung, Qualitätssicherung und -weiterentwicklung).

Diesen Anforderungen wurde bisher lediglich ansatzweise Rechnung getragen. Zwar wird der quantitative Ausbau vorangetrieben, jedoch hält die Anhebung der Qualität mit diesem Ausbau nicht Schritt. Problematisch ist, dass zwar die Anforderungen an die Qualifikation steigen, das Pflegegeld jedoch aufgrund begrenzter Jugendhilfemittel vielfach nicht entsprechend angehoben wird. Schon allein die Tatsache, dass die Bildungsausgaben in diesem Bereich in den letzten Jahren nicht signifikant gestiegen sind wirft die Frage auf, ob und inwieweit TPP für den Bildungsauftrag qualifiziert wurden und so die Chancen früher Lebensjahre hinreichend genutzt werden können. Falsches oder fehlendes Verständnis von Lernprozessen in frühen Lebensphasen jedoch kann zu Versäumnissen in der Erziehung führen, die später kaum mehr durch Bildungssysteme wettgemacht werden können (vgl. Singer 2003, S. 67).

Fazit

Der Bildungsauftrag in der Kindertagespflege kann derzeit unter den aktuellen Bedingungen nur partiell erfüllt werden. Damit bestätigt sich meine Hypothese, dass eine Diskrepanz zwischen aktuellen wissenschaftlichen Erkenntnissen über Bildungspotentiale von unter Dreijährigen und der Bildungsförderung in der Kindertagespflege besteht. Ein systematischer Wissenstransfer in die Praxis der Kindertagespflege ist unter den derzeitigen Bedingungen nicht sichergestellt – vor allem aufgrund der geringen Anforderungen an die Qualifikation und dem aktuellen Qualifikationsstand der TPP.

Frühkindliche Entwicklung bezieht sich auf sämtliche Lebensbedingungen, d.h. Kinder benötigen vor allem ein sicheres, anregungsreiches und herausforderndes familiäres Umfeld. Familien sind starken Belastungen und gestiegenen Anforderungen bei gleichzeitig fragiler gewordenen familiären Bindungen und sozialen Netzwerken ausgesetzt (vgl. Viernickel 2008, S. 30). Die Bedürfnisse der Familien werden mit dem quantitativen Ausbau der Betreuungsmöglichkeiten beantwortet, sodass Bildung und Betreuung zunehmend vergesellschaftet werden. Qualitativ gute Kindertagespflege, zu der alle Kinder gleichermaßen Zugang haben, kann Nachteile kompensieren, sodass sich der Einfluss der sozialen Herkunft auf den späteren Bildungserfolg verringern kann – wobei zu hoffen ist, dass auch außerhalb des Bildungssystems die Weichen so gestellt sind, dass Kinder sich im späteren Leben entfalten und an den Ressourcen unserer Gesellschaft partizipieren können.

Daher ist es zwingend erforderlich, nicht nur den quantitativen Ausbau durch verbindliche Vorgaben zu regeln, sondern auch die Qualität der Bildungsförderung durch verbindliche, bundeseinheitliche Ausbildungsstandards für TPP abzusichern, Konzepte zur Bildungsförderung in der Kindertagespflege zu entwickeln sowie die erforderlichen Strukturen zu schaffen. Für die Umsetzung müssen die Rahmenbedingungen entsprechend gestaltet werden (z.B. in Bezug auf die finanzielle und personelle Ausstattung).

Aufgrund persönlicher Erfahrungen mit dem Bildungssystem sei ein abschließender Gedanke erlaubt: Bildungsförderung muss m.E. immer in ein humanistisches Bildungsverständnis eingebettet sein, wie es der UN-Konvention über die Rechte des Kindes entspricht (vgl. Nutbrown 2004, S. 117 ff.) – auch wenn dies dem Leistungsdenken postmoderner Gesellschaften widersprechen mag. Wenn Kinder frühzeitig lernen, dass sich ihr Wert in der Gesellschaft nur über ihre Beschäftigungsfähigkeit bestimmt, werden sie möglicherweise später alles tun, um ihre kognitive Leistungsfähigkeit zu steigern (z.B. durch IQ-Doping, vgl. Blech et al. 2009, S. 46) – und die damit verbundenen Nachteile und Risiken in Kauf nehmen. Diese Problematik muss jedoch an anderer Stelle diskutiert werden.

Literaturverzeichnis

Balluseck, Hilde Von, Metzner, Helga und Schmitt-Wenkebach, Barbara (2003): Ausbildung von Erzieherinnen und Erziehern in der Fachhochschule, Seiten 317 – 331. In: Fthenakis, Wassilios E. (Hrsg.): Elementarpädagogik nach PISA. Wie aus Kindertagesstätten Bildungseinrichtungen werden können. Freiburg, Basel und Wien, Verlag Herder

Becker-Stoll, Fabienne und Michels, Inge (2007): Die Aufgabe von Tageseltern ist Feinfühligkeit. In: ZeT Zeitschrift für Tagesmütter und –väter, Nr. 6/2007, Seiten 5 - 7

Becker-Stoll, Fabienne (2009): Der Blick aufs Kind – empirische Grundlagen frühkindlicher Bildung, Seiten 159 - 173. In: Münch, Maria-Theresia und Textor, Martin R. (Hrsg.): Kindertagesbetreuung für unter Dreijährige zwischen Ausbau und Bildungsauftrag. Berlin, Eigenverlag des Deutschen Vereins für öffentliche und private Fürsorge e.V.

Beek, Angelika von der (2008): Bildungsräume für Kinder von Null bis Drei. Weimar und Berlin, Verlag das Netz

Blech, Jörg et al. (2009): „Wow, was für ein Gefühl!". Mühelos lernen, alles erinnern, immer fit sein – eine neue Generation von Medikamenten verspricht geistige Höhenflüge für jedermann. Segen oder Teufelszeug? Die Möglichkeit des IQ-Dopings ist umstritten, doch schon versuchen Hunderttausende, heimlich ihre Hirnleistung hochzujagen. In: Der Spiegel, Heft Nr. 44, Seiten 46 - 50

BMFSFJ: Aktionsprogramm Kindertagespflege. Online unter: URL: http://http://www.esf-regiestelle.eu/content/aktionsprogramm_kindertagespflege/index_ger.html. [Datum des Abrufs: 02.11.2009]

Bock, Jörg et al. (2003): Frühkindliche emotionale Erfahrungen beeinflussen die funktionelle Entwicklung des Gehirns. In: Neuroforum, Heft Nr. 02/2003, Seiten 51 – 57. Online unter: URL: http://nwg.glia.mdc-berlin.de/media/pdf/neuroforum/2003-2.pdf. [Datum des Abrufs: 15.10.2009]

Bos, Wilfried et al. (Hrsg.) (2007): IGLU 2006. Lesekompetenzen von Grundschulkindern in Deutschland im internationalen Vergleich. Münster, Waxmann Verlag

*Bostelmann, Antje (*2009): Auf der Suche nach einer Pädagogik für unter Dreijährige, Seiten 174 – 190. In: Münch, Maria-Theresia und Textor, Martin R. (Hrsg.): Kindertagesbetreuung für unter Dreijährige zwischen Ausbau und Bildungsauftrag. Berlin, Eigenverlag des Deutschen Vereins für öffentliche und private Fürsorge e.V.

Braun, Katharina (2008): Zum Lernen geboren. Optimierung des Gehirns durch frühe Bildung. In: frühe Kindheit, Heft-Nr. 03/2008, Seiten 6-13.

Colberg-Schrader, Hedi (2003): Informelle und institutionelle Bildungsorte: zum Verhältnis von Familie und Kindertageseinrichtung, Seiten 266 - 284. In: Fthenakis, Wassilios E. (Hrsg.): Elementarpädagogik nach PISA. Wie aus Kindertagesstätten Bildungseinrichtungen werden können. Freiburg im Breisgau, Verlag Herder

Dahlberg, Gunilla (2004): Kinder und Pädagogen als Co-Konstrukteure von Wissen und Kultur: Frühpädagogik in postmoderner Perspektive, Seiten 13 - 30. In: Fthenakis, Wassilios und Oberhuemer, Pamela (Hrsg.): Frühpädagogik international. Bildungsqualität im Blickpunkt. Wiesbaden, VS Verlag für Sozialwissenschaften

Ebert, Sigrid (2003): Zur Reform der Erzieher/innenausbildung, Seiten 332 - 351. In: Fthenakis, Wassilios E. (Hrsg.): Elementarpädagogik nach PISA. Wie aus Kindertagesstätten Bildungseinrichtungen werden können. Freiburg, Basel und Wien, Verlag Herder

Eliot, Lise (2001): Was geht da drinnen vor? Die Gehirnentwicklung in den ersten fünf Lebensjahren. Berlin, Berlin Verlag

Elschenbroich, Donata (2002): Weltwissen der Siebenjährigen. Wie Kinder die Welt entdecken. München, Wilhelm Goldmann Verlag

Franke, Pia-Theresia (2009): Aus-, Fort- und Weiterbildung in der Arbeit mit unter Dreijährigen, Seiten 202 – 211. In: Münch, Maria-Theresia und Textor, Martin R. (Hrsg.): Kindertagesbetreuung für unter Dreijährige zwischen Ausbau und Bildungsauftrag. Berlin, Eigenverlag des Deutschen Vereins für öffentliche und private Fürsorge e.V.

Franke, Pia-Theresia (2009): Aus-, Fort- und Weiterbildung in der Arbeit mit unter Dreijährigen, Seiten 202 - 211. In: Münch, Maria-Theresia, und Textor, Martin R. (Hrsg.): Kindertagesbetreuung für unter Dreijährige zwischen Ausbau und Bildungsauftrag. Frankfurt am Main, Eigenverlag des Deutschen Vereins

Fthenakis, Wassilios E. (2003): Die Forderung nach mehr Bildungsqualität, Seiten 65 - 80. In: Bundesministerium für Familien, Senioren, Frauen und Jugend (Hrsg.): Auf den Anfang kommt es an! Perspektiven zur Weiterentwicklung des Systems der Tageseinrichtungen für Kinder in Deutschland. Weinheim, Basel und Berlin, Beltz Verlag

Fthenakis, Wassilios E. (2009 a): Bildung neu definieren und hohe Bildungsqualität von Anfang an sichern. Ein Plädoyer für die Stärkung von prozessualer Qualität, Teil 1. In: Betrifft Kinder. Das Praxisjournal für ErzieherInnen, Eltern und GrundschullehrerInnen heute. Heft Nr. 01-02/2009, Seiten 6 - 11

Fthenakis, Wassilios E. (2009 b): Bildung neu definieren und hohe Bildungsqualität von Anfang an sichern. Ein Plädoyer für die Stärkung von prozessualer Qualität, Teil 2. In: Betrifft Kinder. Das Praxisjournal für ErzieherInnen, Eltern und GrundschullehrerInnen heute. Heft Nr. 03/2009, Seiten 6 - 10

Gerszonowicz, Eveline (2009): Kindertagespflege als geeignete Tagesbetreuung für kleine Kinder, Seiten 121 – 132. In: Münch, Maria-Theresia und Textor, Martin R. (Hrsg.): Kindertagesbetreuung für unter Dreijährige zwischen Ausbau und Bildungsauftrag. Berlin, Eigenverlag des Deutschen Vereins für öffentliche und private Fürsorge e.V.

Gisbert, Kristin (2003): Wie Kinder das Lernen lernen: Vermittlung lernmethodischer Kompetenzen, Seiten 78 – 105. In: Fthenakis, Wassilios E. (Hrsg.): Elementarpädagogik nach PISA. Wie aus Kindertagesstätten Bildungseinrichtungen werden können. Freiburg, Basel und Wien, Verlag Herder

Haug-Schnabel, Gabriele und Bensel, Joachim (2005): Kinder beobachten und ihre Entwicklung dokumentieren. Kindergarten Heute Spezial. Freiburg im Breisgau, Verlag Herder

Haug-Schnabel, Gabriele und Bensel, Joachim (2009):. Vom Säugling zum Schulkind – Entwicklungspsychologische Grundlagen. Kindergarten heute Spezial. Freiburg im Breisgau, Verlag Herder

Hédervári-Heller, Eva et al. (o.J.): Gute Qualität in Krippe und Kindertagespflege. Online unter: URL: http://www.liga-kind.de/downloads/krippe.pdf. [Tag des Abrufs: 15.10.2009]

Hinke-Ruhnau, Jutta (2009): Bildung unter drei in der Kindertagespflege. Seelze-Velber, Verlag Kallmeyer in Verbindung mit Klett

Jurczyk, Karin et al. (2004): Von der Tagespflege zur Familientagesbetreuung. Weinheim und Basel, Verlag Beltz

Kasten, Hartmut (2003): Die Bedeutung der ersten Lebensjahre: Ein Blick über den entwicklungspsychologischen Tellerrand hinaus, Seiten 57 – 66. In: Fthenakis, Wassilios E. (Hrsg.): Elementarpädagogik nach PISA. Wie aus Kindertagesstätten Bildungseinrichtungen werden können. Freiburg, Basel und Wien, Verlag Herder

Kasten, Hartmut (2007): 0 – 3 Jahre. Entwicklungspsychologische Grundlagen. Berlin, Düsseldorf und Mannheim, Cornelsen Verlag

Kunze, Hans-Rainer und Gisbert, Kristin (2007): Förderung lernmethodischer Kompetenzen in Kindertageseinrichtungen. In: Bundesministerium für Bildung und Forschung: Auf den Anfang kommt es an: Perspektiven für eine Neuorientierung frühkindlicher Bildung. Online unter: URL: http: www.bmbf.de/pub/bildungsreform_band_16.pdf [Datum des Abrufs: 18.09.2009]

Laewen, Hans Joachim (2002): Was Bildung und Erziehung in Kindertageseinrichtungen bedeuten können, Seiten 33 - 69. In: Laewen, Hans-Joachim, und Andres, Beate (Hrsg.): Forscher, Künstler, Konstrukteure. Werkstattbuch zum Bildungsauftrag von Kindertageseinrichtungen. Weinheim, Berlin und Basel, Verlag Beltz

Laewen, Hans Joachim und Andres, Beate (2002): Arbeitsblatt 5: Die frühen Bindungen, Seiten 148 - 161. In: Laewen, Hans-Joachim, und Andres, Beate (Hrsg.): Forscher, Künstler, Konstrukteure. Werkstattbuch zum Bildungsauftrag von Kindertageseinrichtungen. Weinheim, Berlin und Basel, Verlag Beltz

Landesbetrieb für Technik und Information (2009): Öffentlich geförderte Kindertagespflege: Kinder und tätige Personen in NRW. Online unter: URL: http://www.it.nrw.de/statistik/e/daten/eckdaten/r312jugendhilfe3.html. [Datum des Abrufs: 15.11.2009]

Leu, Hans Rudolf et al. (2007): Bildungs- und Lerngeschichten. Bildungsprozesse in früher Kindheit beobachten, dokumentieren und unterstützen. Weimar und Berlin, Verlag das Netz

MGFFI NRW (2003): Bildungsvereinbarung Nordrhein-Westfalen. Fundament stärken und erfolgreich starten. Online unter: URL: http://www.callnrw.de/broschuerenservice/download/1343/bildungsvereinbarung.pdf. [Tag des Abrufs: 03.09.2009]

MGFFI NRW (2008): Gesetz zur frühen Bildung und Förderung von Kindern (Kinderbildungsgesetz – KiBiz). Online unter: URL: http://www.mgffi.nrw.de/pdf/kinder-jugend/KiBiz_Volltext.pdf. [Datum des Abrufs: 04.10.2009]

Ministry of Education New Zealand (1996): Te Whariki. Early Childhood Curriculum. Online unter: URL: http://www.educate.ece.govt.nz/~/media/Educate/Files/Reference%20Downloads/whariki.pdf. [Datum des Abrufs: 22.10.2009]

Müller, Alexander: Kleine Hirne – großes Wissen. Über die Ergebnisse der Hirnforschung und deren Konsequenzen für die Kleinkindpädagogik. In: ZET. Zeitschrift für Tagesmütter und –väter, Nr. 6/2007, Seiten 8 -9.

Münch, Maria-Theresia (2009): Fachberatung für Kindertagesbetreuung – ein vergessenes Qualitätserfordernis, Seiten 212 - 224. In: Münch, Maria-Theresia und Textor, Martin R. (Hrsg.): Kindertagesbetreuung für unter Dreijährige zwischen Ausbau und Bildungsauftrag. Berlin, Eigenverlag des Deutschen Vereins für öffentliche und private Fürsorge e.V.

Nutbrown, Cathy (2004): Kinderrechte: Ein Grundstein frühpädagogischer Curricula, Seiten 117 - 128. In: Fthenakis, Wassilios und Oberhuemer, Pamela (Hrsg.): Frühpädagogik international. Bildungsqualität im Blickpunkt. Wiesbaden, VS Verlag für Sozialwissenschaften

Oberhuemer, Pamela (2003): Professionalisierung der Fachkräfte, Seiten 127 - 134. In: Bundesministerium für Familie, Senioren, Frauen und Jugend (Hrsg.): Auf den Anfang kommt es an! Perspektiven zur Weiterentwicklung des Systems der Tageseinrichtungen für Kinder in Deutschland. Weinheim, Berlin und Basel, Verlag Beltz

Oberhuemer, Pamela (2004): Bildungskonzepte für die frühe Kindheit in internationaler Perspektive, Seiten 359 - 386. In: Fthenakis, Wassilios und Oberhuemer, Pamela (Hrsg.): Frühpädagogik international. Bildungsqualität im Blickpunkt. Wiesbaden, VS Verlag für Sozialwissenschaften

OECD (2009): Bildung auf einen Blick. Online unter: URL: http://www.oecd.org/de/kinderbericht. [Datum des Abrufs: 15.09.2009]

Oerter, Rolf (2002): Kindheit, S. 209 – 255. In: Oerter, Rolf, und Montada, Leo (Hrsg.): Entwicklungspsychologie. Weinheim, Berlin und Basel, Beltz Verlage

Ostermayer, Edith (2006): Bildung durch Beziehung. Wie Erzieherinnen den Entwicklungs- und Lernprozess von Kindern fördern. Freiburg, Basel, Wien, Verlag Herder

PISA-Konsortium (Hrsg.) (2007): PISA 2006. Die Ergebnisse der dritten internationalen Vergleichsstudie. Münster, Verlag Waxmann

Puhani, Patrick A. und Weber, Andrea M. (2005): Does the Early Bird Catch the Worm? Instrumental Variable Estimates of Educational Effects of Age of School Entry in Germany. Online unter: URL: ftp://repec.iza.org/RePEc/Discussionpaper/dp1827.pdf)
[Datum des Abrufs: 05.10.2009]

Rauh, Hellgard (2002): Vorgeburtliche Entwicklung und Frühe Kindheit, Seiten 131- 208. In: Oerter, Rolf, und Montada, Leo (Hrsg.): Entwicklungspsychologie. Weinheim, Berlin und Basel, Verlag Beltz

Resch, Franz und Lehmkuhl, Ulrike (2008): Zur Entwicklung der kindlichen Persönlichkeit: Grundbedürfnisse und Forderungen an die soziale Umwelt. Online unter: URL: http://liga-kind.de/fruehe/208_resch_lehmkuhl.php.
[Datum des Abrufs: 15.10.2009]

Rittelmeyer, Christian (2005): Frühe Erfahrungen des Kindes. Ergebnisse der pränatalen Psychologie und der Bindungsforschung. Ein Überblick. Stuttgart, Verlag Kohlhammer

Schäfer, Anja (2009): Bildungsprozesse in der Kindertagespflege beobachten und dokumentieren. Fachhochschule Münster: Unveröffentlichter Evaluationsbericht.

Schäfer, Gerd E. (2003): Was ist frühkindliche Bildung?, Seiten 15 – 74. In: Schäfer, Gerd E. (Hrsg.): Bildung beginnt mit der Geburt. Förderung von Bildungsprozessen in den ersten sechs Lebensjahren. Weinheim, Berlin, Basel, Verlag Beltz

Schäfer, Gerd E. (2008): Das Denken lernen – Bildung im Krippenalter. In: Betrifft Kinder. Das Praxisjournal für ErzieherInnen, Eltern und GrundschullehrerInnen heute. Heft Nr. 08-09/2008, Seiten 7 - 13.

Schneewind, Klaus A. (2002): Familienentwicklung, Seiten 105 - 128. In: Oerter, Rolf, und Montada, Leo (Hrsg.): Entwicklungspsychologie. Weinheim, Berlin und Basel, Beltz Verlage

Siegler, Robert S. (2001): Das Denken von Kindern. München und Wien, R. Oldenbourg Verlag

Singer, Wolf (2003): Was kann ein Mensch wann lernen? Ein Beitrag aus der Sicht der Hirnforschung, Seiten 67 – 77. In: Fthenakis, Wassilios E. (Hrsg.): Elementarpädagogik nach PISA. Wie aus Kindertagesstätten Bildungseinrichtungen werden können. Freiburg, Basel und Wien, Verlag Herder

Spitzer, Manfred (2007): Lernen. Gehirnforschung und die Schule des Lebens. Berlin und Heidelberg, Verlag Springer

Tietze, Wolfgang (2004): Von der Tagespflege zur Familientagesbetreuung. Perspektiven eines quantitativen und qualitativen Ausbaus, Seiten 344-357. In: *Jurczyk, Karin et al.*: Von der Tagespflege zur Familientagesbetreuung. Zur Zukunft öffentlich regulierter Kinderbetreuung in Privathaushalten. Weinheim und Basel, Verlag Beltz

Viernickel, Susanne (2008): Themen und Trends in der Frühpädagogik: In: frühe Kindheit, Heft-Nr. 01/2008, Seiten 27 – 34

Wiesner, Reinhard (2006): Sozialgesetzbuch VIII (SGB): Kinder- und Jugendhilfe. München, Verlag Beck

Wustmann, Corina (2007): Resilienz, Seiten 119 - 190. In: Bundesministerium für Bildung und Forschung (Hrsg.): Auf den Anfang kommt es an: Perspektiven für eine Neuorientierung frühkindlicher Bildung. Online unter: URL: http://www.bmbf.de/pub/bildungsreform_band_16.pdf [Datum des Abrufs: 18.09.2009]

Anhang

Verzeichnis

Neuronale Verschaltungen (Abb. 1)	S. II
Gehirnscan (Abb. 2)	S. II
DJI-Curriculum: Themenspektrum	S. III
Inhalte einer Grundqualifikation	S. X
Qualifikationsniveau 2006 - 2008 (Abb. 3)	S. XI
Bezuschussung für Kinderbetreuungskosten (Abb. 4)	S. XI
Gesamtkosten (Abb. 5)	S. XII
Ausgaben der öffentlichen Hand 1997 – 2006 (Abb. 6)	S. XII
Öffentliche Ausgaben für Tagespflege (Abb. 7)	S. XIII

Abbildung 1:

Neuronale Verschaltungen

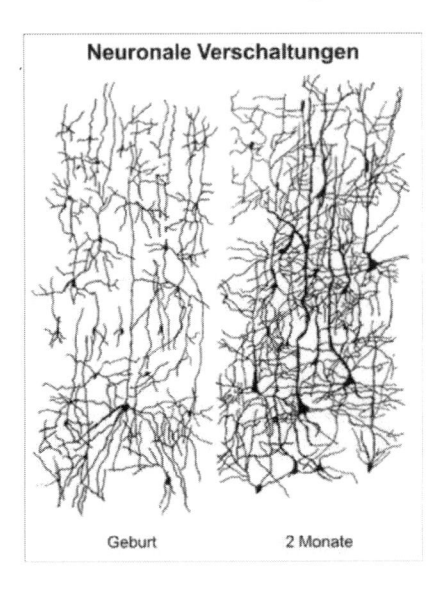

Online-Quelle: http://www.birgit-jackel.de/kongresse/duisburg2006/text01.html

Abbildung 2:

Scans eines gesunden (links) und eine pathologischen Hirns: Rechts ist eine fehlende Frontalhirn- und Schläfenlappenvernetzung
nach Waisenhausaufenthalt im 1. und 2. Lebensjahr erkennbar

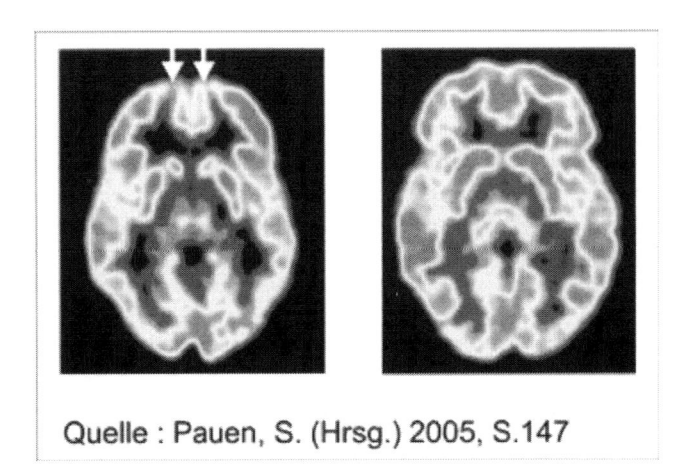

Quelle : Pauen, S. (Hrsg.) 2005, S.147

Themenspektrum des DJI-Curriculums zur Qualifikation in der Kindertagespflege (160 Stunden)

Themenspektrum des Curriculums

Einführungsphase

1. Einführungsabend
Wie ist die Fortbildung aufgebaut – welche Themen werden behandelt – wie wird im Kurs gearbeitet?

Kindertagespflege – die Perspektive der Tagesmutter

2. Erwartungen an die Kindertagespflege und Motivationsklärung
Welche Erwartungen haben die Teilnehmerinnen an die Tagespflege? Passen Anforderungen der Tätigkeit und Lebenssituation der Teilnehmerin zusammen?

3. Rechtliche und finanzielle Grundlagen der Kindertagespflege (1)
Zur Tagespflegetätigkeit gehört, dass die Tagesmutter die rechtlichen und finanziellen Aspekte ihrer Arbeit aktiv und eigenverantwortlich regelt. Mit welchen Bundes- und Landesgesetzen und welchen örtlichen Richtlinien sollte die Tagesmutter vertraut sein? Welche Rolle hat das Jugendamt? Wie wird die Pflegeerlaubnis erteilt? – Es wird empfohlen, gegebenenfalls eine Expertin als Gastreferentin zu diesem Thema zu laden.

4. Aufgaben und Alltag der Tagesmutter
Bei der Tagespflege handelt es sich um öffentliche Kinderbetreuung im privaten Raum. Welche Aufgaben, Rechte und Pflichten ergeben sich daraus für den Alltag einer Tagesmutter?

Kindertagespflege – die Perspektive der Kinder

5. Das Kind in zwei Familien
Ein Tageskind muss sich in zwei unterschiedlichen Familien zurechtfinden – wie kann es dabei unterstützt werden? Welches Kind und welche Tagesfamilie (Tagesmutter) passen zueinander? Wie können die eigenen Kinder der Tagesmutter unterstützt werden, mit der neuen Situation zurechtzukommen?

6. Gestaltung der Eingewöhnungsphase
Was sollten Eltern und Tagesmutter unbedingt beachten in der Eingewöhnungsphase des Tageskindes? Wie viel Zeit muss eingeplant werden? Was hilft dem Kind, eine vertrauensvolle Beziehung zur Tagesmutter aufzubauen? Wie geht es den anderen Kindern in dieser Zeit?

Kindertagespflege – die Perspektive der Eltern

7. Erstkontakt mit den Eltern – Verständigung und Zusammenarbeit
Welches sind die Erwartungen, Wünsche und Gefühle von Eltern in Bezug auf die Tagespflege? Wie bereitet sich die Tagesmutter auf den ersten Kontakt mit den Eltern des künftigen Tageskindes vor?

8. Rechtliche und finanzielle Grundlagen der Kindertagespflege (2): Der Betreuungsvertrag
Was sollte die Tagesmutter mit den Eltern des Tageskindes im Betreuungsvertrag regeln? Welche Unterschiede ergeben sich für die Kinderbetreuerin im Haushalt der Eltern? – Es wird empfohlen, gegebenenfalls eine Expertin als Gastreferentin zu diesem Thema zu laden.

9. Rechtliche und finanzielle Grundlagen der Kindertagespflege (3)
Hier geht es um die vertiefte Klärung der rechtlichen und finanziellen Rahmenbedingungen anhand von praxisnahen Beispielen. – Es wird empfohlen, gegebenenfalls eine Expertin als Gastreferentin zu diesem Thema zu laden.

10. Zwischenbilanz: Wo stehe ich? Was brauche ich noch?
Gegebenenfalls: Vorbereitung auf die Praxishospitation.

Vertiefungsphase

a) Förderung von Kindern

11. Im Dialog mit Säuglingen und Kleinkindern
Das Kinder- und Jugendhilfegesetz SGB VIII gibt vor, dass die Entwicklung der betreuten Kinder zu eigenverantwortlichen und gemeinschaftsfähigen Persönlichkeiten durch Erziehung und Bildung gefördert werden soll. Was bedeutet das konkret für den Alltag in der Tagespflege? Wie kann eine Tagesmutter als Grundlage ihres pädagogischen Handelns eine gute Beziehung zu den von ihr begleiteten Kindern aufbauen? Auf welche Weise kann sie auch schon mit ganz kleinen Kindern im Dialog sein? Wie kann sie den Aufbau einer Bindungsbeziehung unterstützen?

Entwicklung von Kindern/Kinder beobachten und wahrnehmen

12. Eine gute Entwicklung – was gehört dazu?
Was sind Merkmale einer guten Entwicklung? Welche Entwicklungsverläufe sind altersmäßig „normal" bei Kindern? Wie kann die Entwicklung gefördert werden? Was kann eine Tagesmutter bei eventuellen Entwicklungsverzögerungen und -störungen tun?

13. Kinder im Tagespflegealltag wahrnehmen. Bildung beobachten und dokumentieren
Wie entwickelt sich ein Kleinkind? Welche Bedürfnisse hat ein Kleinkind? Auf welche Art signalisiert es sie? Durch bewusstes Hinsehen und Hinhören kann die Tagesmutter Bedürfnisse erkennen und verstehen lernen.

Für zu Hause empfiehlt sich als Vertiefungsaufgabe, die Kinder und ihre Bildungsprozesse zu beobachten. Sensibilisierung für Bedürfnisse von Kindern: Aufmerksamkeit der Tagesmutter gegenüber dem individuellen Kind – wie lässt sich „bewusstes Beobachten" in den Alltag einbinden? Das Einnehmen einer positiven, dem Kind zugewandten Grundhaltung.

14. Kinder sind verschieden – ihr Recht auf Anerkennung ist gleich. Ansätze zum Umgang mit individuellen, geschlechtsspezifischen und kulturellen Unterschieden

Kinder haben unterschiedliche Temperamente und Entwicklungsgeschwindigkeiten, unterschiedliche Geschlechter und familiäre, soziale oder kulturelle Hintergründe. Das alles macht aus jedem Kind einen ganz individuellen Menschen, der oder die auch individuell behandelt sein will. Bei aller Individualität muss jedoch Chancengleichheit gelten: Allen Kindern müssen gleiche Entwicklungsmöglichkeiten eingeräumt werden.

Betreuung von Kindern

15. Sicherheit drinnen und draußen – über den Umgang mit Gefahrenquellen

Wie schafft die Tagesmutter eine Umgebung, in der sich Kinder sicher bewegen können? Wie geht die Tagesmutter daheim und unterwegs mit der wachsenden Selbstständigkeit von Kindern und der ihr übertragenen Aufsichtspflicht um?

16. Gesund leben in der Kindertagespflege

Eine Tagesmutter hat die Aufgabe, die Gesundheit der (Tages-)Kinder zu fördern. Was gehört dazu? Wie kann sie den Kindern eine gesundheitsbewusste Lebensweise nahebringen? Was kann die Tagesmutter tun, wenn ein Kind oder sie selbst erkrankt ist? Welche Lösungen bei Konflikten mit Eltern haben sich bewährt?

17. Ernährung in der Kindertagespflege: Was gibt's zu essen und zu trinken?

Was gehört zu einer gesunden Ernährung in der Tagespflege? Was heißt Ernährungserziehung? Welche hygienischen Grundregeln sind in der Küche zu beachten? Welche Konflikte mit Eltern kann es geben? Was hat sich im Umgang damit bewährt?

Erziehung in der Kindertagespflege

18. Wie erziehe ich – wie wurde ich erzogen? (Tagesseminar)

Eigene Erfahrungen in der Kindheit. Wandel von Erziehungswerten. Was will die Tagesmutter für die anvertrauten Kinder erreichen? Leidvolle Erfahrungen aus der eigenen Kindheit können den Umgang mit den Kindern negativ beeinflussen. Was kann die Tagesmutter dagegen tun?

19. Die Beziehung zum Tageskind positiv gestalten (Tagesseminar)

Was kann ein Kind in welchem Alter? Was braucht es? Was sind die Prinzipien einer positiven Beziehung zum (Tages-)Kind? Kinder verstehen, respektieren, ermutigen. Persönliche Sprache in der Beziehung zu einem Kind.

20. Bevor der Kragen platzt
Gute Beziehungen zu den Kindern pflegen: Anspruch und Alltag. Was macht es schwierig für die Tagesmutter, den Kindern gegenüber positiv zu bleiben? Wie kann sie Abhilfe und Unterstützung finden? Umgang mit Wut.

21. Die Würde des Kindes ist unantastbar. Das Recht der Kinder auf gewaltfreie Erziehung
Erwachsene haben in der Beziehung zum Kind eine machtvolle Position. Das macht es erforderlich, dass sie bewusst und sensibel mit ihrer Macht, mit den Grenzen der ihnen anvertrauten Kinder und mit den eigenen Grenzen umgehen. Seit 2000 gibt es auch einen gesetzlichen Anspruch von Kindern auf gewaltfreie Erziehung. Wie können Tagesmütter das in ihrem Alltag berücksichtigen?

22. Schwierige Erziehungssituationen in der Kindertagespflege
Vorbeugen und minimieren von schwierigen Situationen in der Tagespflege. Immer wieder werden auch Kinder mit belastenden Erfahrungen in Tagespflege vermittelt. Im Alltag fallen sie durch ihr Verhalten auf, sie ziehen sich z. B. zurück oder sind aggressiv. Es fällt ihnen schwer, sich zu konzentrieren. Wie können Tagesmütter diesen Kindern gerecht werden? Welche Bedingungen brauchen sie dabei?

23. Prävention von sexuellem Missbrauch – Der Schutzauftrag bei Kindeswohlgefährdung in der Tagespflege (Tagesseminar)
Ist Sexualerziehung eine Aufgabe für Tagesmütter? Fakten zu sexuellem Missbrauch an Mädchen und Jungen. Erkennen von Signalen, die auf sexuellen Missbrauch hindeuten. Handeln im Verdachtsfall. Prävention konkret. Es wird empfohlen, eine Expertin als Gastreferentin zu diesem Thema zu laden.

Bildung in der Kindertagespflege

24. Der Bildungsauftrag in der Kindertagespflege
Kinder haben ein natürliches Bedürfnis, sich selbst zu bilden. Sie eignen sich durch „Forschen" und in Auseinandersetzung mit anderen Menschen die Welt an. Wie kann eine Tagesmutter diesen Bildungsprozess im Alltag unterstützen? Kann sie die Bildung der Kinder planen?

25. Bildungsthemen und Bildungspläne
Kleine Kinder bilden sich allseitig, wenn sie nicht daran gehindert werden. Sie wollen ihre Umgebung mit allen Sinnen erfahren und lernen in der frühen Kindheit mit großer Geschwindigkeit immense Mengen. Sie machen mit Sprache ebenso wie mit mathematisch-naturwissenschaftlichen Phänomenen von Beginn an wichtige Erfahrungen. Bildungspläne formulieren Anregungen für die Gestaltung des pädagogischen Alltags. Jedes Kind hat jedoch auch seinen eigenen inneren Bildungsplan, dem es aus eigener Initiative, freiwillig und voller Tatendrang folgt.

26. Kontakt und soziale Beziehungen im Spiel
Welche Rolle haben Erwachsene im Spiel der Kinder? Wie kann die Tagesmutter „spielerisch" einen guten Kontakt zwischen sich, den eigenen Kindern und dem Tageskind herstellen? Wie kann die Tagesmutter die soziale Entwicklung von Kindern fördern?

27. Spielorte und Entwicklungsräume
Welche Spielumgebung brauchen Kinder und welche Orte suchen Kinder zum Spielen auf? Die Spielräume sind heute vielfach andere, als die Erwachsenen sie erlebt haben (z. B. enge Spielplätze in Städten, künstliche Umgebungswelten, Computerspiele). Was folgt daraus für die Erziehung/Förderung von Kindern?

28. Im Alltag spielerisch das Kind fördern – Spielmaterial, Spielwaren, Spiele für und mit Kindern
Wie viel Spielzeug braucht ein Kind? Welche Spielmittel sind geeignet? Welches Spielzeug braucht ein Kind in welchem Alter? Welche Bedeutung haben Spielsachen und Spiele für die Entwicklung von Intelligenz, Körper und Sprache?

29. Kinder brauchen Bücher
Kinder identifizieren sich mit den Figuren/Gestalten, die ihnen in Kinderbüchern begegnen. Sie erleben und bewältigen unbekannte Situationen und lernen, sich „in der Welt" zurechtzufinden. Woran kann die Tagesmutter gute Kinderbücher erkennen? Was ist beim Vorlesen wichtig?

30. Kinder und Medien
Fernsehen und Computer gehören zu den Medien, mit denen Kinder heute selbstverständlich aufwachsen. Ein verantwortungsbewusster Umgang damit will jedoch gelernt sein. Wo liegen Möglichkeiten und Gefahren?

Besondere Herausforderungen in der Kindertagespflege

31. Tageskinder – eigene Kinder: Wie komme ich damit zurecht?
Viele Tagesmütter wünschen sich für ihre eigenen Kinder Spielgefährten, wenn sie Tageskinder aufnehmen. Nicht selten aber entstehen heftige Konflikte zwischen den Kindern. Was bedeutet das? Wie kann die Tagesmutter damit umgehen? Welche anderen Situationen kennen Tagesmütter, in denen es eine Rolle spielt, dass sie – anders als z. B. Erzieherinnen im Kindergarten – eigene und Tageskinder zusammen betreuen?

32. Kinder fördern – Haushalt managen: Wie lässt sich das vereinbaren?
In der Tagespflege erleben die Kinder einen ganz normalen Familienalltag. Dazu gehören auch Haushaltsarbeiten wie Kochen, Putzen, Aufräumen, Einkaufen, Gartenarbeiten. Wie kann die Tagesmutter ihre Aufgabe einer Förderung der Kinder mit diesen Arbeiten verbinden? Was hat sich bewährt, wovon ist abzuraten?

33. Abschied von den Tageskindern – was bedeutet das für Tagesmütter?
Was bedeutet es für ein Tageskind, wenn die Zeit der Tagespflege endet? Wie kann der Abschied vorbereitet und gestaltet werden? Wie geht es den Kindern der Tagesmutter, wenn das Tageskind nicht mehr kommt? Mit welchen Gefühlen muss sich die Tagesmutter selbst auseinandersetzen?

b) Kooperation und Kommunikation zwischen Tagesmutter und Eltern

34. Erziehungspartnerschaft in der Kindertagespflege
Wie lässt sich mit den Eltern des Tageskindes eine gute Zusammenarbeit aufbauen, die am Wohl des Kindes orientiert ist?

35. Kooperation zwischen Nähe und Distanz
Eine freundlich-distanzierte oder eine enge freundschaftliche Beziehung zwischen Tagesmutter und Eltern des Tageskindes hat jeweils ihre Vor- und Nachteile. Welche Form der Beziehung entspricht den Vorstellungen der Tagesmutter?

36. Mutterrollen in der Kindertagespflege
In der Tagespflege treffen zwei Mütter mit entgegengesetzten Lebensentwürfen aufeinander (Berufstätigkeit vs. Familienarbeit). Kann die Tagesmutter die Berufstätigkeit der Mutter des Tageskindes akzeptieren? Wie kann sie mit eventuellen Schuld- und Eifersuchtsgefühlen umgehen? Wer ist die zentrale Person im Leben des Kindes?

37. Kommunikation in der Kindertagespflege: Zuhören mit offenen Ohren
Die Kommunikation mit Eltern ist ein wichtiger Bestandteil des Tagespflegealltags. Die Teilnehmerinnen lernen Gesprächshaltungen und -techniken kennen, die ihnen helfen können, den Austausch konstruktiver zu gestalten.

38. Kommunikation in der Kindertagespflege: Wie sag' ich's?
Es werden Gesprächshaltungen und -techniken für einen konstruktiven Austausch vorgestellt und an verschiedenen Situationen aus der Tagespflegepraxis geübt.

39. Nicht nur zwischen Tür und Angel: Gespräche mit Eltern
Die konstruktive Zusammenarbeit im Beziehungsgefüge der Tagespflege setzt voraus, dass die Tagesmutter und die Eltern des Tageskindes ihre Vorstellungen, Erwartungen und Interessen kooperativ miteinander abstimmen. Wie, wo und wann findet dies statt?

40. Kreativer und konstruktiver Umgang mit Konflikten (Tagesseminar)
Anhand von typischen Tagespflegesituationen werden verschiedene Methoden zur Konfliktbewältigung aufbauend auf den vorherigen Kursthemen ausprobiert und geübt.

41. Schweigepflicht in der Kindertagespflege
Es trägt zum gegenseitigen Verständnis und zum Gelingen einer vertrauensvollen Beziehung zwischen der Tagesmutter und den Eltern des Tageskindes bei, wenn beide sich bemühen, immer wieder einmal die Perspektive der anderen Seite einzunehmen und nachzuvollziehen. Dadurch entsteht Vertrauen, aber auch ein beträchtliches Wissen übereinander. Was sollte die Tagesmutter über die Schweigepflicht in der Tagespflege wissen?

c) Arbeitsbedingungen der Tagesmutter

42. Beruf Tagesmutter
Als Tagesmutter arbeiten – ist das ein Job? Ein Beruf? Eine Lebensform? Welches Selbstverständnis haben Tagesmütter von ihrer Tätigkeit? Wie werden sie in der Öffentlichkeit wahrgenommen? Außerdem ein Blick über den Tellerrand: Welche Erfahrungen mit der Tagespflege liegen bei den europäischen Nachbarn vor?

43. Rechtliche und finanzielle Grundlagen der Kindertagespflege (4)
Hier geht es um die vertiefte Klärung der rechtlichen und finanziellen Rahmenbedingungen anhand von praxisnahen Beispielen. – Es wird empfohlen, gegebenenfalls eine Expertin als Gastreferentin zu diesem Thema zu laden.

44. Vernetzung und Kooperation (zwei Veranstaltungen à drei Unterrichtsstunden)
Wie kann die Tagesmutter die Isolation im eigenen Haushalt überwinden? Wie kann sie einen regelmäßigen Erfahrungsaustausch mit anderen Tagesmüttern finden? Wer vertritt die Interessen der Tagesmütter vor Ort? Ämter, Vereine, Verbände, kommerzielle Agenturen – mögliche Kooperationspartner der Tagesmutter? Nach Möglichkeit sollten VertreterInnen relevanter Institutionen und Einrichtungen sich und ihren Zuständigkeitsbereich selbst im Kurs vorstellen.

45. Aus welchen Quellen schöpfe ich?
Welchen Stressfaktoren sind Tagesmütter in ihrer Tätigkeit ausgesetzt? Aus welchen persönlichen Quellen schöpfen Tagesmütter, um „Kraft zu tanken"? Wie können sie mit Unter- oder Überforderung konstruktiv umgehen?

d) Reflexion

46. Halbzeitbilanz/Kursreflexion
„Wie geht es uns bisher in dem Kurs? Was soll so bleiben? Was möchten wir ändern?"

47. Vorbereitung des Abschlusskolloquiums
„Was brauchen wir noch für das Abschlusskolloquium?"

48. Abschlussabend: Rückschau und Ausblick
„Was hat die Fortbildung gebracht? Was war wichtig? Was war schwierig? Wie geht es für die einzelnen Teilnehmerinnen weiter?"

Online-Quelle:
http://www.friedrich-verlag.de/data/536C842672BF468E8BEEE60EA7007069.0.pdf

Inhalte einer Grundqualifikation

Bildungsträger: Bundesverband für Kindertagespflege

Qualifizierungsangebot

Zeitlicher Rahmen
<u>Grundqualifikation</u>
50 Unterrichtseinheiten <u>plus</u> `1.Hilfe am Kind´
10 Dienstage (18.30 – 21.30 Uhr)
 4 Samstage (9.00 – 13.00 Uhr)

Grundqualifikation

Inhalte:
1. Einführungsabend
2. Motivation und Erwartungen
3. Fingerspiele / Basteln / Zwischenbilanz
4. Eingewöhnungsphase
5. Erste Hilfe am Kind 1
6. Das Kind in zwei Familien
7. Erste Hilfe am Kind 2
8. Entwicklung und Bewegung – Theorie
9. Rechtsfragen in der Tagespflege
10. Spielpädagogik 1
11. Kommunikation
12. Spielpädagogik 2
13. Ernährung
14. Abschluss Grundqualifikation mit **Teilnahmebestätigung**

Abbildung 3: Tagespflegepersonen nach Art der Qualifikation in den westlichen Bundesländer (ohne Berlin) 2006 bis 2008 (Anteile in %)

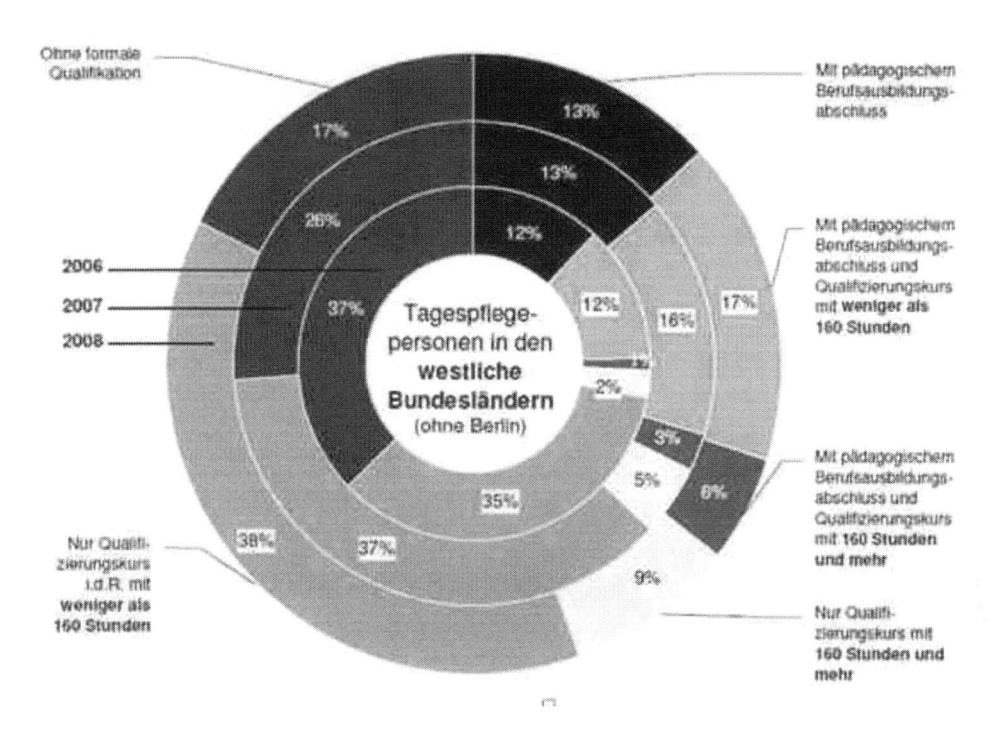

Quelle: Bundesministerium für Familie, Senioren, Frauen und Jugend: Kindertagesbetreuung. Stand des Ausbaus für das Berichtsjahr 2008. Auf einen Blick. Stand: März 2009
Online unter: URL:
http://www.bundespruefstelle.de/bmfsfj/generator/RedaktionBMFSFJ/Abteilung5/Pdf-Anlagen/ausbaubericht-2008,property=pdf,bereich=bmfsfj,sprache=de,rwb=true.pdf

Abbildung Nr. 4: Bezuschussung für Kinderbetreuungskosten

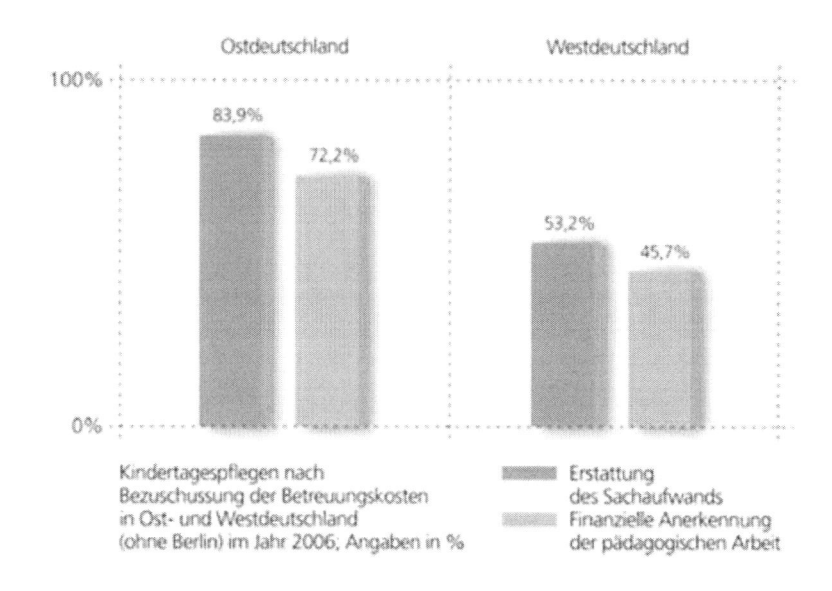

Abbildung Nr. 5: Gesamtkosten der frühkindlichen Erziehung, Bildung und Betreuung

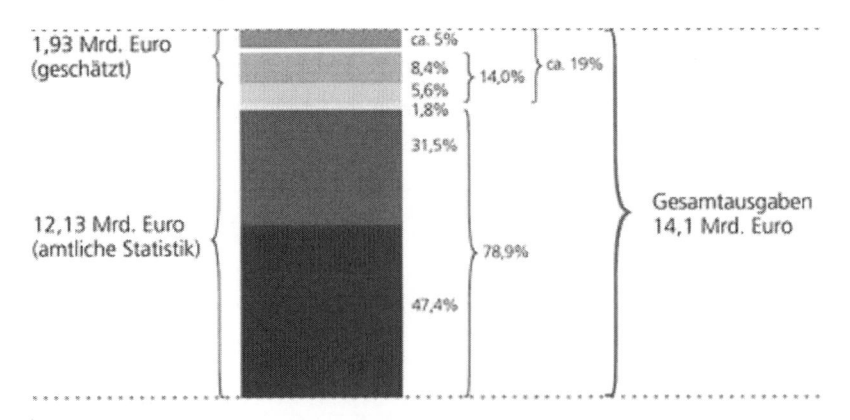

1,93 Mrd. Euro (geschätzt)
ca. 5%
8,4%
5,6%
1,8%
14,0%
ca. 19%

12,13 Mrd. Euro (amtliche Statistik)
31,5%
78,9%
47,4%

Gesamtausgaben 14,1 Mrd. Euro

Kosten der öffentlichen Kindertagesbetreuung nach Kostenträgern in Deutschland im Jahr 2006; Angaben absolut und in %

- Anteil der freien Träger: ca. 0,75 Mrd. Euro
- Geschätzte Netto-Elternbeiträge (bei freien Trägern): ca. 1,18 Mrd. Euro
- Netto-Elternbeiträge beim öffentlichen Träger: 0,78 Mrd. Euro
- Sonstige Einnahmen/Rückflüsse: 0,25 Mrd. Euro
- Ausgaben der Länder, einschließlich Stadtstaaten: 4,43 Mrd. Euro
- Ausgaben der Gemeinden und Gemeindeverbände: 6,67 Mrd. Euro

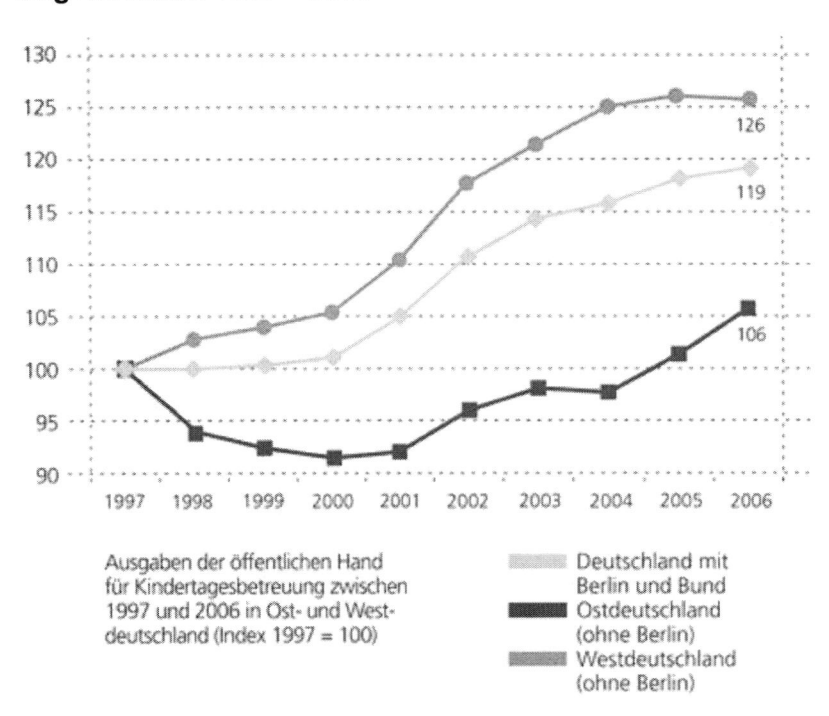

Abbildung 6: Ausgaben der öffentlichen Hand für Kindertagesbetreuung zwischen 1997 – 2006

Ausgaben der öffentlichen Hand für Kindertagesbetreuung zwischen 1997 und 2006 in Ost- und Westdeutschland (Index 1997 = 100)

- Deutschland mit Berlin und Bund: 119
- Ostdeutschland (ohne Berlin): 106
- Westdeutschland (ohne Berlin): 126

Abbildung Nr. 7: Öffentliche Ausgaben für Kindertagespflege

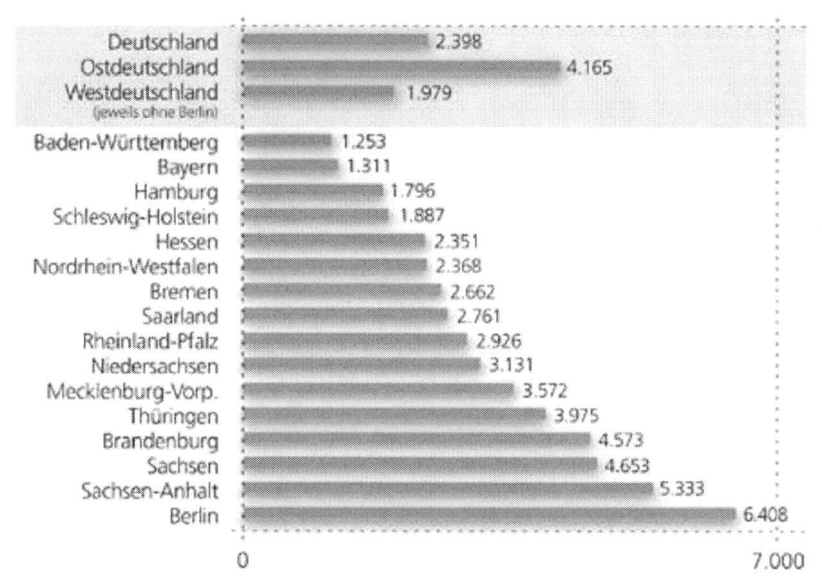

Land	Betrag
Deutschland	2.398
Ostdeutschland	4.165
Westdeutschland	1.979
(jeweils ohne Berlin)	
Baden-Württemberg	1.253
Bayern	1.311
Hamburg	1.796
Schleswig-Holstein	1.887
Hessen	2.351
Nordrhein-Westfalen	2.368
Bremen	2.662
Saarland	2.761
Rheinland-Pfalz	2.926
Niedersachsen	3.131
Mecklenburg-Vorp.	3.572
Thüringen	3.975
Brandenburg	4.573
Sachsen	4.653
Sachsen-Anhalt	5.333
Berlin	6.408

Durchschnittliche Ausgaben der öffentlichen Hand für Vermittlung, Beratung und Durchführung pro Kindertagespflege in Euro im Jahr 2006 nach Ländern; Angaben absolut

Quelle der Abbildungen 4 – 7: DJI-Zahlenspiegel 2007
Online unter: URL:
http://www.bmfsfj.de/bmfsfj/generator/Publikationen/zahlenspiegel2007/root.html. [Datum des Abrufs: 01.11.2009]

Printed in Germany
by Amazon Distribution
GmbH, Leipzig